UNIVERSITÉ DE PARIS. — FACULTÉ DE DROIT

# L'IMPOT

# SUR LA RENTE

## THÈSE POUR LE DOCTORAT

L'ACTE PUBLIC SUR LES MATIÈRES CI-APRÈS

*Sera soutenu le Mercredi 2 Mai 1900, à 1 heure*

PAR

### Robert CHANTEREAU

AVOCAT A LA COUR D'APPEL

*Président :* M. BERTHÉLEMY.
*Suffragants :* { MM. ESTOUBLON,
JAY, } *Professeurs.*

PARIS

LIBRAIRIE NOUVELLE DE DROIT ET DE JURISPRUDENCE

## ARTHUR ROUSSEAU, ÉDITEUR

14, RUE SOUFFLOT ET RUE TOULLIER, 13

1900

# THESE

## POUR LE DOCTORAT

6167

UNIVERSITÉ DE PARIS. — FACULTÉ DE DROIT

# L'IMPOT
## SUR LA RENTE

———

## THÈSE POUR LE DOCTORAT

———

L'ACTE PUBLIC SUR LES MATIÈRES CI-APRÈS

*Sera soutenu le Mercredi 2 Mai 1900, à 1 heure*

PAR

### Robert CHANTEREAU

AVOCAT A LA COUR D'APPEL

———

*Président* : M. BERTHÉLEMY.

*Suffragants* : { MM. ESTOUBLON, } *Professeurs.*
{ JAY, }

———

## PARIS
**LIBRAIRIE NOUVELLE DE DROIT ET DE JURISPRUDENCE**
### ARTHUR ROUSSEAU, ÉDITEUR
14, RUE SOUFFLOT ET RUE TOULLIER, 13

———

1900

A LA MÉMOIRE DE MES GRANDS-PÈRES.


A MON PÈRE ET A MA MÈRE.

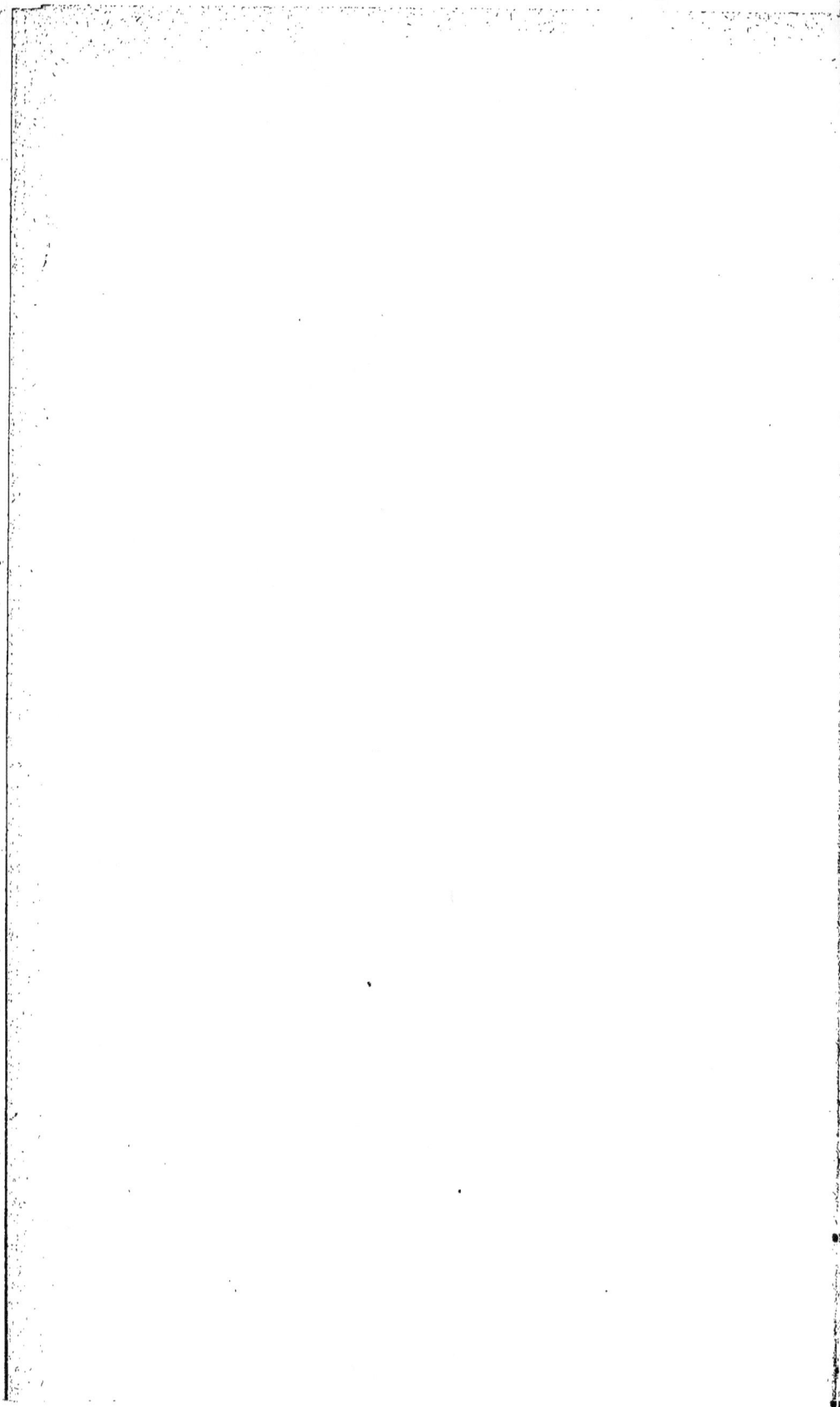

# L'IMPOT SUR LA RENTE

## INTRODUCTION

L'impôt est le prélèvement effectué par l'État sur la fortune des particuliers pour faire face aux dépenses publiques.

Dans les ressources de chacun que l'impôt doit atteindre en totalité, entrent, pour une part relativement importante dans certains pays (1), les rentes sur l'État, que l'on désigne généralement, d'après la nation débitrice, sous la dénomination de : rente française, rente italienne, etc...

Ces rentes sont le résultat des emprunts que presque

(1) En France on a évalué la fortune totale des particuliers à 200 milliards. — Les rentes sur l'État, françaises ou étrangères, en forment près du quart.

tous les gouvernements se sont trouvés amenés à contracter, soit pour équilibrer leurs budgets, soit pour soutenir des guerres malheureuses, soit pour exécuter les grands travaux publics qui assurent l'outillage indispensable d'un peuple. La conséquence de ces emprunts a été, en effet, de mettre à la charge des budgets annuels les arrérages ou intérêts stipulés en échange des capitaux.

Tout impôt frappant ces arrérages ou atteignant le capital même de la Dette, soit directement, soit à l'occasion des mutations de propriétés, est dit « Impôt sur la rente. »

En dehors des questions fiscales auxquelles donnent lieu tous les impôts, celui-ci soulève de graves problèmes juridiques et économiques, dérivant de ce fait que l'État, en gardant une partie des intérêts acquis à ses créanciers, réduit de sa propre autorité l'obligation qu'il a contractée. A-t-il le droit de supprimer ainsi une partie de sa dette ? S'il en a le droit, est-ce son intérêt de le faire ? Ne décourage-t-il pas, par ce procédé, ses futurs prêteurs ? Tels sont les principaux points à traiter.

Avant d'en aborder l'examen, nous exposerons rapidement quelle est la nature juridique du contrat de rente, quelles sont les principales formes qu'il peut revêtir, puis nous verrons comment les États ont eu recours à ce mode d'emprunt et son importance actuelle.

## § 1. — Nature juridique du contrat de rente

On peut ici se baser sur le Code civil français, car les caractères fondamentaux de la rente sont aujourd'hui adoptés par toutes les législations.

Par la constitution de rente, une personne promet de fournir, à perpétuité ou pendant un temps déterminé, des prestations périodiques à celui qui met à sa disposition un certain capital. Cette personne est dite *débi-rentier*; elle doit la rente au prêteur appelé *crédi-rentier*. Le crédi-rentier ne peut jamais demander la restitution du capital qu'il a versé. C'est le caractère principal du contrat, qui, autrement, serait un simple prêt d'argent.

On peut diviser les rentes de plusieurs manières :

1° D'après leur origine, en rentes foncières et rentes constituées.

2° D'après le mode de remboursement prévu lors du contrat, en rentes amortissables ou perpétuelles.

3' D'après la durée pendant laquelle les prestations sont dues, en rentes perpétuelles ou viagères (annuités terminables, tontines, etc.).

4° D'après le taux promis, rentes 3 0/0-3 1/2 0/0, etc.

5° D'après la forme des titres délivrés au créancier, rentes nominatives, rentes mixtes, rentes au porteur.

## I. — *Rentes foncières et rentes constituées.*

Quand le bien aliéné par le crédi-rentier est un immeuble, la rente est dite *rente foncière*. Quand le capital est une somme d'argent, on a créé une *rente constituée*.

La rente foncière, appelée dans l'ancien droit « bail de rente » (*census reservativus*), à cause de la réserve faite par le crédi-rentier qui n'aliéne son immeuble que déduction faite de la rente, était alors un droit immobilier, non rachetable. Jamais le débiteur ne pouvait se soustraire à l'obligation de payer ce qu'il avait promis. Elle est devenue, dans l'état actuel de la législation, un droit mobilier indépendant de l'immeuble, rachetable au gré du débiteur.

Les États ne se sont jamais servis de ce contrat pour emprunter, car il ne pouvait mettre à leur disposition que des immeubles d'une réalisation souvent difficile et toujours onéreuse; d'ailleurs les sommes obtenues auraient été insuffisantes.

Seule donc la rente constituée est un mode d'emprunt public.

Elle fut créée, vers le VIII<sup>e</sup> siècle, par les usuriers italiens et français, pour échapper aux prescriptions rigoureuses de l'Église catholique qui interdisait formellement le prêt à intérêts. Les auteurs discutent la question de savoir si certains textes du droit romain ne mentionneraient pas un contrat semblable. Toujours est-il qu'à partir du début du moyen âge, la constitution de rente devient très fréquente dans les pays latins. Le prêt à intérêt répondait, en effet, à un besoin économique absolu et il fallait le remplacer. Pour que la rente ne fût pas condamnée comme lui, on décida : 1° que la rente serait assignée sur un immeuble, c'est le *census consignativus*. (Cet immeuble fictif est considéré comme vendu, et les arrérages annuels sont censés en être les fruits) ; 2° que les rentes ne seraient pas rachetables, la rente étant un contrat irrévocable.

Sous cette forme, la papauté déclara admettre comme juste la constitution de rente, mais ce n'est qu'en 1570 que cette reconnaissance eut lieu (Bulle *cum «onus»* rendue par Pie V). Grégoire XIII se prononça aussi dans le même sens et quand, plus tard, il n'y eut plus assignation sur un immeuble, Benoît XIV n'en donna pas moins son adhésion à ce mode de contrat de rente.

Trois changements furent apportés à ces caractères primitifs de la rente constituée : 1° En 1557, un arrêt du Parlement lui enleva son caractère de droit réel. Un nouvel article inséré dans la Coutume de Paris décida que « le rentier n'avait ni un droit réel, ni un droit dû par les fonds, mais par les personnes ». 2° Dès lors, il n'y eut plus vente fictive et les rentes cessèrent d'être irrachetables, le débiteur acquérant le droit de rembourser quand il lui plairait. 3° Il aurait dû résulter aussi de cet arrêt que le caractère immobilier de la rente disparaissait ; cependant les Coutumes de Paris (art. 94) et d'Orléans

(art. 351) continuèrent à la considérer comme immeuble. C'est seulement la Convention, par la loi du 24
août 1793, qui la déclara « meuble par destination de la
loi ». Et la loi du 11 Brumaire an VII en tire une conséquence directe : « Les rentes constituées, les rentes foncières, et autres prestations que la loi a déclarées rachetables, ne pourront plus à l'avenir être frappées d'hy-
pothèque. »

Le Code civil n'a fait que consacrer ces changements :
« Sont meubles par la détermination de la loi les rentes
perpétuelles et viagères soit sur l'État, soit sur des particuliers » (1). Quand on stipule un intérêt moyennant un
capital qu'on s'interdit d'exiger, le prêt prend le nom de
constitution de rente (2). La rente constituée en perpétuel
est essentiellement rachetable (3).

De ce droit de rembourser on a conclu, pour les États
débiteurs, au droit de *convertir* la rente ; par la conversion, l'État offre le remboursement de sa créance ou un
contrat nouveau stipulant un intérêt moindre. La légitimité de cette mesure autrefois discutée, ne saurait être
aujourd'hui mise en doute. Tous les pays y ont eu recours
et certains, l'Angleterre et les États-Unis, par exemple,
ont ainsi diminué sensiblement la charge annuelle de leur
Dette.

---

(1) Art. 529. — *Code Civil.*
(2) Art. 1.909. — *Code Civil.*
(3) Art. 1.911. — *Code civil.*

## II. — *Rentes amortissables ou perpétuelles.*

Beaucoup de rentes sont aujourd'hui contractées avec obligation pour le débiteur de rembourser, chaque année, une partie des capitaux dus. Un tableau est dressé, déterminant les annuités afférentes à chaque exercice, et, d'avance, on fixe le jour où l'emprunt sera totalement remboursé. Cet engagement lie le débi-rentier et constitue un amortissement obligatoire qui ne saurait être suspendu sans le consentement des créanciers. De là le nom de *rente amortissable.*

Cette forme d'emprunt qui offre des garanties spéciales aux prêteurs, est préférée par les États dont les finances sont peu prospères et le crédit mal établi. Elle convient également à ceux qui veulent rembourser rapidement les emprunts émis pour des travaux publics.

Quand aucune condition de ce genre n'est insérée dans l'acte de constitution, l'amortissement restant réglé au gré du débiteur seul, la rente est dite *perpétuelle.*

## III. — *Rentes perpétuelles ou viagères.*

Mais cette dernière qualification est encore plus exacte quand on oppose la rente dont les arrérages sont dus indéfiniment à celle dont le service ne doit être fait que pendant une durée déterminée, durée après laquelle, en général, l'État ne remboursera pas le capital.

La rente en question est dite *viagère* quand le laps de temps pris comme base est la vie d'une ou plusieurs personnes (Rentes sur une ou plusieurs têtes) (1); ce sont des *annuités terminables* quand la durée du contrat est fixe. L'arrérage contient alors, à la fois, un intérêt et l'amortissement du capital. Les annuités terminables sont très usitées en Angleterre.

Avant 1789, l'ancien régime avait introduit en France, sous le ministère de Mazarin, des rentes viagères d'une nature spéciale. L'emprunt est divisé en parts égales, auxquelles on affecte un intérêt peu élevé. Mais, à la mort d'un des prêteurs, sa part d'intérêts est reportée sur les survivants. Quand leur nombre devient très restreint, il arrive forcément que les derniers touchent en intérêts plus qu'ils n'ont versé en capital. L'État empruntait ainsi de grosses sommes à un taux très modique. Ce sont les tontines (2) en usage principalement sous le règne de Louis XV et supprimées en 1763 (3).

### IV. — *Distinction établie d'après le taux.*

L'État ou les particuliers peuvent offrir à leurs prêteurs

(1) *Code Civil.* — Art. 1.972.

(2) Du nom du napolitain Lorenzo Tonti qui proposa cette combinaison à Mazarin.

(3) Si les tontines ont disparu comme mode d'emprunt des États, on les retrouve aujourd'hui sous la forme d'assurances mutuelles sur la vie.

telles conditions qu'ils jugent les meilleures. Ces conditions varient suivant le crédit de l'emprunteur, le
taux moyen des placements, la situation du marché des
valeurs mobilières, etc. De là, les rentes émises à 3, 4,
5, 6 0/0. Ce qui revient à dire qu'un capital de 100 francs
rapportera 3, 4, 5 ou 6 francs par an. Il est, du reste, de
règle presque générale d'émettre au-dessous du pair : on
offrira aux souscripteurs 5 francs pour 82 fr. 50 de capital, par exemple. (C'est le taux d'émission de l'emprunt
français de deux milliards contracté en 1872).

Le public désigne communément les rentes d'un même
pays par leur taux; on dira le 3 0/0 français, le 3 1/2
russe, etc.

## V. — *Distinction fondée sur la forme des titres.*

A l'origine des rentes et même après la création du
Grand-Livre, on ne connaît que l'inscription *nominative*.
Le créancier reçoit un titre portant son nom et il lui faut
présenter ce titre pour recevoir les intérêts, ce qui est une
gêne, en outre, les mutations de propriété entraînent
nombre de difficultés.

Le titre nominatif est donc un obstacle à la grande mo-
bilité qui doit être et qui est aujourd'hui le caractère principal de la richesse mobilière. Aussi la loi du 10 mai 1831
a-t-elle créé les titres au *porteur*, qui facilitent beaucoup
la négociation et la transmission des rentes. Les titres de

rentes au porteur sont munis de coupons destinés à être échangés contre les arrérages annuels.

Plus récemment, la loi du 10 juin 1864 a introduit une troisième forme de titre, la rente *mixte*; l'inscription est nominative quant au capital, mais le titre est muni de coupons qu'on détache pour le payement des arrérages. Les rentes de cette catégorie présentent les avantages et les inconvénients des autres; elles sont, du reste, peu répandues.

## § 2. — Les dettes publiques

L'étude des origines et du développement de chacune des dettes nationales ne rentre pas dans notre sujet. Mais nous devons montrer, en prenant pour exemple l'histoire de la Dette française, comment toutes les nations sont arrivées à se constituer des dettes souvent énormes et qui pèsent très lourdement sur certaines d'entre elles.

### A. — *La dette de la France.*

Le projet de loi de finances de l'exercice 1900 donne, pour la première fois, un tableau complet des engagements de notre pays (1).

(1) Projet de loi portant fixation du budget général de l'exercice 1900 déposé le 4 Juillet 1900 par M. Caillaux, ministre des finances. (Exposé des motifs, p. 37 et suivantes).

En voici le résumé au 1ᵉʳ janvier 1899 :

Dette consolidée (Rentes perpétuelles) :

|  | 3 1/2 0/0..... | 6.789.668.436 f. |
|---|---|---|
|  | 3 0/0........ | 15.213.015.202 » |
| Dette remboursable par annuités (Rentes amortissables)............. | | 3.861.747.500 » |
| Total...... | | 25.864.431.138 » |
| Autres engagements... | | 4.083.900.158 » |
| Total de la Dette....... | | 29.948.331.296 » |

La dépense annuelle des arrérages et des annuités est de 1.006 millions. Il faut y ajouter environ 241 millions et demi de rentes viagères affectées au service des pensions de toute nature. Soit, en définitive, 1.247 millions et demi, c'est-à-dire plus du tiers du budget. C'est, relativement à la population (1), et surtout comme total (2), la dette la plus élevée du monde.

(1) 780 francs par habitant (sans tenir compte de la dette viagère). Seuls le Portugal et l'Espagne atteignent ou dépassent ce chiffre.

(2) Voici les évaluations que l'on peut donner approximativement sur le chiffre des engagements des principaux pays du monde :

| | millions | | millions |
|---|---|---|---|
| France........ | 29.948 | Hongrie....... | 5.250 |
| Angleterre..... | 16.096 | Portugal...... | 3.900 |
| Russie ........ | 16.155 | Turquie....... | 2.894 |
| Allemagne..... | 15.752 | Belgique...... | 2.244 |
| Italie ......... | 12.980 | Hollande...... | 2.291 |
| Autriche ...... | 10.504 | Roumanie..... | 1.291 |
| Espagne....... | 9.115 | Grèce......... | 730 |

Comment la France est-elle arrivée à cette situation difficile ? Un historique rapide va nous le montrer.

L'examen de la Dette sous l'ancien régime, ne rentre pas dans notre sujet. C'est seulement sous la Révolution que s'établirent nettement les divisions données plus haut et ce sont les engagements de l'État à cette époque qui peuvent être ici utilement examinés.

L'œuvre de la Révolution peut, en effet, se résumer en deux mots : la Dette augmente démesurément, par la création des assignats, mais la double banqueroute de 1796 et 1797 la ramène à un total bien inférieur à celui qu'elle atteignait en 1789. En outre, la Dette sort de la tourmente révolutionnaire, unifiée, grâce à la création des deux Grands-Livres (Lois du 24 août 1793 pour la dette perpétuelle et du 23 floréal an II pour la dette viagère).

Les assignats furent émis pour une valeur nominale de 45 milliards, et repris pour le 30ᵉ de cette valeur en 1796 ; beaucoup même ne furent pas reconnus. L'année suivante, les deux tiers des inscriptions aux Grands-Livres furent rayés (Loi du 9 vendémiaire an VI, art. 98 et suivants). On les remboursa en bons sans grande valeur. En fait, la faillite fut de 60 0/0 environ (1).

| | millions | | millions |
|---|---|---|---|
| Égypte | 2.250 | Chine | 1.800 |
| Indes | 4.450 | États-Unis | 9.648 |
| Japon | 1.250 | Australie | 3.750 etc. |

Le total s'élève à 160 milliards. La dette française en forme donc le cinquième environ.

(1) M. Alglave, à son cours.

Les rentes maintenues au Grand-Livre sous le nom de Tiers consolidé, montaient à 40.216.000 francs d'arrérages annuels. La dette viagère était à peu près égale (1).

L'année 1800 commença bien pour les rentes ; l'inscription de cinq francs, qui valait 8 fr. 75 en septembre 1799, se relève, en janvier 1800, à 22 francs et, en juillet, à 34 francs 50, grâce à l'influence de Bonaparte qui fait reprendre à cette date les payements réguliers en numéraire (2). La loi du 21 Floréal an X proclame le principe que la dépense nécessaire à l'acquittement de la Dette sera privilégiée et formera le premier article du budget. Notre dette est, du reste, à cette époque, assez peu de chose dans le total des dépenses (environ le 7e).

Le premier Empire emprunta peu ; Napoléon, habitué dès sa jeunesse à une sévère économie, suffisait aux besoins de ses armées en se servant des contributions extraordinaires levées dans les pays conquis. Les rentes perpétuelles ne s'élèvent que de 23 millions pendant cette période (3). Mais les événements de 1814 et de 1815 laissèrent une liquidation financière très onéreuse aux ministres de Louis XVIII. Une indemnité de 750 millions fut payée aux alliés et il fallut refaire tout le matériel mi-

---

(1) 30 millions d'après certains auteurs, 39 suivant d'autres.

(2) « Tel est le pouvoir de l'habitude que la résolution de reprendre les payements en numéraire avait inspiré une sorte de terreur aux rentiers, qui craignaient que cet engagement ne pût être rempli. » (Gaudin, notice sur les finances de la France).

(3) Au 1er avril 1814, la Dette consolidée s'élève à 63.307.637 francs,

litaire. D'autre part, le crédit public s'étant beaucoup
affaibli, on dut offrir des taux très élevés (5 0/0 à 52 fr.
en 1817, soit 9 1/2 0/0).

En dehors de ces premiers emprunts, les deux Restau-
rations accrurent peu la Dette, grâce à l'amortissement très régulièrement pratiqué par les ministres des
finances (1). La conversion facultative de 1825 diminua
encore de 6 millions les intérêts. Enfin les emprunts en
rentes viagères furent supprimés. Les arrérages que l'on
devait de ce chef en 1797, s'amortirent donc rapidement.
(Aujourd'hui ces rentes sont réduites à une seule, de
990 francs).

Au 24 février 1848, la Dette consolidée composée de
3 0/0, de 4 et de 5 0/0 ne s'élevait qu'à 177 millions environ. A partir de ce moment elle va augmenter très vite. La
seconde République, en effet, se trouva d'abord aux prises
avec les difficultés financières les plus grandes. Bien que la
période troublée n'ait duré que peu de temps (Février à
Juillet 1848), le crédit public fut profondément atteint, le
3 0/0 descendit à 32 fr. 50 ; en 1849, il ne se releva qu'à
44 fr. 70. Le Trésor avait beaucoup d'engagements
à vue et à courts termes et la Dette flottante s'élevait
à près d'un milliard. On dut momentanément en consolider une partie. Trois ans après la chute de Louis-
Philippe, les inscriptions au Grand-Livre montaient à
231 millions.

(1) Émissions de rentes du 1er avril 1814 au 1er août 1830 :
164.779.000. Amortissement pendant le même délai : 53.523.298.

L'avènement de Napoléon III, raffermit tout d'abord le cours de nos rentes, mais en réalité, c'est au second Empire et à ses entreprises militaires qu'il est juste d'imputer l'augmentation considérable de la Dette. Elle fut plus que triplée en vingt ans. En rangeant la guerre franco-allemande et toutes ses conséquences financières dans les suites du règne de Napoléon III, on constate que de 231 millions d'arrérages, les rentes perpétuelles passèrent à 730. La guerre de Crimée avait coûté deux milliards, celles d'Italie et du Mexique autant, et les événements de 1870 plus de neuf milliards.

En dehors des charges résultant de la guerre, le mode d'émission des emprunts constitua aussi, pendant cette période, une cause de perte pour le Trésor et d'augmentation de la Dette ; on fit les émissions presque toujours bien au dessous du pair (3 0/0 à 68 francs environ, 5 0/0 à 82 fr. 50 ou 84.) De telle sorte que le Trésor se reconnut débiteur de sommes bien supérieures à celles qu'il avait touchées, et que les conversions en furent retardées d'au moins dix ans. On n'en fit qu'une sous le Second Empire, celle du 5 0/0 en 4 1/2, effectuée le 14 mars 1852, par M. Bineau, ministre des Finances ; elle diminua de 17 millions la dette annuelle du Trésor.

Depuis 1873 jusqu'en 1899, les rentes perpétuelles n'ont guère augmenté (1). Et la charge en a été diminuée

(1) Deux emprunts de consolidation ont été émis en 1886 et 1891.

par les deux conversions de 1883 et de 1894, donnant l'une une économie de 34 millions, l'autre une économie de 68 millions. Ajoutons la conversion facultative (et critiquable à certains points de vue), faite en 1887, qui allégea le budget d'environ cinq millions et demi.

Mais, durant les mêmes années, il a fallu développer nos chemins de fer, nos canaux, nos ports de commerce; l'État n'a pas voulu laisser à l'initiative privée le soin de ces entreprises nouvelles, et, pour faire face aux dépenses qu'il allait s'imposer, il a créé une nouvelle rente qui contient en elle-même sa réduction progressive (1) et qui sera éteinte le jour où les travaux entrepris seront devenus inutiles en raison de leur vétusté. M. Léon Say, ministre des finances, a fait, le 12 août 1878, une première émission de rentes 3 0/0 amortissables en 75 ans. De 1878 à 1890, on en émit plus de quatre milliards. Il reste à amortir aujourd'hui 3.837 millions (au 1er janvier 1900).

Il faut ajouter à ces charges une dette viagère qui grossit chaque année et qui date du milieu du siècle. Si l'État n'emprunte plus en rentes viagères, il s'engage cependant à servir des rentes de cette nature pour les pensions civiles ou militaires. Ces dernières se multiplient avec l'augmentation des effectifs, et, pour les pensions civiles elles-mêmes, l'application de la loi de 1853 n'a pas encore atteint son maximum. Les retenues sur les traitements et

(1) Loi du 11 juin 1878 et décret du 16 juillet 1878.

la solde ne viennent atténuer que dans une faible proportion le fardeau que l'État s'est imposé de ce chef (1).

Le tableau que nous avons dressé plus haut montre que
les pays étrangers ont dû également, pour subvenir aux
charges des guerres et des travaux publics, contracter de
très lourds engagements. Leurs dettes étant presque entièrement formées de rentes perpétuelles ou amortissables, on
voit à quel développement ce contrat est arrivé aujourd'hui.

Ces rentes, que l'on peut évaluer à 110 milliards environ (2), produisent un total d'arrérages de cinq milliards
environ, et la question de l'impôt sur la rente est née de
la très forte proportion que représentent ces intérêts
dans la fortune mobilière de certains pays. En France, où
cependant celle-ci est très considérable (100 à 110 milliards), les rentes françaises et étrangères en forment
près de la moitié. Dans les pays moins riches et relativement plus endettés, la proportion est encore plus forte.
Le législateur doit-il laisser ces revenus si élevés en
dehors de la règle fiscale commune? N'y a-t-il pas une
injustice à le faire, alors que les principes veulent que
chacun paye l'impôt proportionnellement à ses revenus?

C'est ce que nous allons d'abord examiner (Chap. Ier).

Dans un second chapitre, nous ferons l'historique de

---

(1) La dette viagère s'élève aujourd'hui à 241 millions et demi.
(2) « *Bulletin de statistique et de législation comparées* ». —
1896, t. II, p. 295. Évaluation de M. Reverter, ministre des finances
d'Espagne.

l'impôt sur la rente dans les principaux pays d'Europe, en indiquant quelles transformations il peut subir.

Un troisième chapitre sera consacré aux effets politiques et économiques de cet impôt et à la question de savoir quand un État doit imposer sa rente. En terminant, nous rappellerons et nous discuterons les exemptions proposées ¡pour la taxation des rentes, surtout le cas des porteurs étrangers.

# CHAPITRE PREMIER

## LÉGALITÉ DE L'IMPÔT SUR LA RENTE

Au premier abord, rien ne paraît plus illogique et plus injuste qu'un impôt sur la rente. Un État, qui s'est engagé à payer 300 francs d'arrérages à toute personne lui prêtant 10.000 francs, déclare, une fois l'opération terminée, qu'il ne versera que 280 francs, la différence étant prélevée à titre d'impôt et fixée selon son bon plaisir. Le créancier n'a-t-il pas pourtant acquis, par l'abandon de son capital, un droit absolu aux arrérages et le débiteur peut-il restreindre lui-même, et sans aucune indemnité, les engagements qu'il a pris ?

La question est des plus complexes ; il faut l'étudier d'après les conditions mêmes du contrat. Deux cas se présentent, suivant que l'État a promis ou non de ne pas taxer les emprunts qu'il contracte. Dans chaque hypothèse, il y a lieu d'examiner si l'impôt spécial doit être distingué de l'impôt qui frappe toute une branche des revenus. Dans quelle situation se trouve la France ? C'est ce qu'il conviendra enfin de rechercher.

§ 1. — **Cas où l'État n'a pris aucun engagement.** — **Fondement de la légalité de l'impôt.** — **La souveraineté inaliénable.**

Éliminons d'abord le cas où le pays ayant déjà un impôt frappant les arrérages des rentes sur l'État, veut émettre un nouvel emprunt. Il est évident qu'à moins de dispositions contraires, les nouveaux titres supporteront la taxe existante. Le public en souscrivant connaît la réduction d'intérêt qu'il devra subir. Il n'y a là aucune lésion pour lui.

Ce cas se ramène, du reste, à l'un des suivants, à moins que, dès la création de sa dette, un État ne l'ait déclarée soumise à un impôt, et la question de légalité ne se pose réellement que dans les deux autres situations.

L'Angleterre et l'Italie rentrent dans la première [caté-gorie. Tout nouvel emprunt serait, en effet, frappé de l'in-come-tax en Angleterre, de l'impôt sur la richesse mobi-lière en Italie. La légalité de ces taxes n'a pu être mise en discussion qu'au moment de leur création. Il est clair qu'elles ne surprennent nullement les souscripteurs actuels.

Supposons maintenant qu'aucun impôt ne frappe les rentes déjà existantes. Trois opinions absolument diver-gentes divisent alors économistes et financiers; les uns soutiennent que, par la nature même du contrat, tout

impôt est illicite, d'autres admettent les impôts généraux
grevant dans le pays les autres revenus, d'autres enfin
soutiennent la légalité de toutes taxes, en vertu du droit
souverain de l'État.

Il est illégal de taxer la rente, disent les premiers, car
le débiteur ne peut se soustraire par sa seule volonté
aux engagements qu'il a pris. L'objet de la rente consiste
essentiellement dans l'obligation de fournir au crédi-rentier des prestations annuelles. Ces prestations ne sauraient
être diminuées par le débi-rentier seul, sans qu'il y ait
atteinte grave au contrat. Une pareille mesure est une quasi-
banqueroute, que le débiteur soit un État ou un particulier. Ce dernier serait condamné à des dommages-inté-
rêts. L'État ne peut l'être, mais on considérera comme
un abus de pouvoir, comme une violation du droit,
toute décision de ce genre; il n'y a donc pas de différences
à établir d'après la personne du débiteur.

C'est le sentiment nettement exprimé par beaucoup de
financiers, par exemple par le rapporteur du budget
de 1872, M. Casimir-Périer (1) : « La rente, dit-il, ne peut
en principe être l'objet d'une taxation, parce que l'engagement résulte de l'essence même du contrat entre le
débiteur et le créancier, parce que le premier ne peut
modifier à son gré les conditions du prêt qui lui a été
consenti ; parce qu'en l'absence même de stipulations

---

(1) Rapport sur la loi de finances de l'exercice 1872, déposé le
31 août 1871. *J.O.*, 1871, p. 3.760.

écrites, la bonne foi ne permet pas à celui qui doit de
rien retenir ni distraire du capital qu'il a reçu ou des
intérêts qu'il s'est engagé à servir... »

Plus récemment, M. Léon Say exprimait la même idée
sous une forme encore plus absolue : « On peut dire d'un
État qui impose sa propre rente, qu'il manque de foi, et
brise de son unique volonté le contrat de prêt qu'il a passé
avec des particuliers » (1).

D'autres économistes, repoussant cette manière de voir,
admettent volontiers pour l'État le droit de frapper d'un
impôt les citoyens qui sont ses créanciers, et d'après le
revenu même de ces créances, mais ils ne l'admettent
qu'en partie. Pour eux, le pouvoir souverain de l'État, s'il
n'est pas complètement annihilé, ne subsisterait du moins
qu'avec une grave limitation.

Ces auteurs distinguent formellement, dans le rentier, la
personne qui a contracté avec l'État et à laquelle ce dernier verse une certaine somme, et celle qui, habitant un
pays, doit participer aux dépenses publiques de ce pays,
comme les autres citoyens ; ce devoir entraîne pour
tous l'obligation d'abandonner au Trésor une portion de
revenu fixée par le Parlement. Le rentier ne peut exciper
sur ce dernier point d'aucun privilège : « La classe des
citoyens qui vit des rentes sur l'État est une sorte de classe
parasite relativement aux agriculteurs et aux manufactu-

_____

(1) Article cité sur l'*Impôt sur la rente* dans la *Revue politique
et Parlementaire*, (Juin 1895, p. 401).

riers... L'indispensable garantie due aux créanciers de
l'État, abstraction faite de toute loi particulière, c'est l'égalité de traitement par rapport aux situations et aux titres
analogues aux leurs » (1).

Le droit et le devoir du rentier se compensent le jour
où il touche ses arrérages ; à ce moment, on serait en
droit de lui retenir 5 0/0, par exemple, si l'on demande la
même proportion au revenu des valeurs mobilières ou aux
autres richesses en général.

L'impôt sur la rente est destiné à frapper non le rentier, mais son revenu, comme il frappe ceux du commerce, de l'industrie, de la terre. Soumettre à la même
loi toutes ces ressources particulières, ce n'est pas une
injustice, c'est au contraire un acte de justice. « L'État
est tenu de traiter tous ses nationaux également, il
ne peut faire de privilège à aucun », dit M. Leroy-
Beaulieu, et il ajoute : « Plusieurs publicistes ou orateurs
ont voulu assimiler les impôts de cette nature à une banqueroute partielle..... Il est peu d'esprits cependant qui
voient dans cette mesure autre chose qu'un retour à la
justice. Les titres de rentes sur l'État doivent subir le
sort fiscal de toutes les valeurs mobilières du pays. Rien
ne sert de dire que l'État étant débiteur de la rente, n'a
pas le droit de taxer de sa propre autorité son créancier et
de réduire le montant des intérêts stipulés. Ce n'est pas
en qualité de débiteur que l'État agit alors, c'est comme

(1) De Parieu, *Traité des Impôts*, t. I, liv. III, p. 408.

législateur impartial soumettant à la même loi toutes les fractions de la richesse nationale » (1).

Mais si pour ces auteurs, il est équitable de faire cette assimilation, il faut repousser au contraire toute mesure qui frapperait les rentes *seules;* on ne pourrait dénier, d'après eux, à une décision de cette nature un caractère d'injustice évidente. Le fait de frapper spécialement la Dette, c'est-à-dire de l'imposer plus que les autres revenus, soit par une discrimination très forte, soit par l'établissement d'une taxe particulière (comme en Portugal, par exemple) (2) ne rentrerait plus dans les droits que conserve l'État, malgré le contrat passé. Ce serait une véritable spoliation.

Une distinction capitale est donc établie, dans cette opinion, entre l'impôt spécial qui est interdit et un impôt général s'appliquant à toute une fraction de la richesse et englobant les rentiers dans une loi commune. La souveraineté nationale est alors limitée par l'engagement pris par le législateur, mais cette limitation n'est pas absolue : « Établir un impôt sur la rente, c'est-à-dire un impôt spécial sur la rente, ce serait retenir le montant de l'impôt, mais l'État ne viole pas le contrat intervenu entre lui et ses créanciers en appliquant à cette branche de revenus, non plus un impôt spécial, mais les impôts généraux éta-

---

(1) Leroy-Beaulieu. *Traité de la Science des finances*, t. II, p. 543.
(2) Une loi de 1893 établit sur la Rente intérieure une taxe de 30 0/0.

blis par la loi sur les autres ressources des particuliers » (1).
Et M. Leroy-Beaulieu conclut sur ce point : « Jamais
l'État ne peut s'arroger le droit de mettre un impôt spécial
sur sa rente » (2), et ailleurs : « Un impôt spécial sur la
rente est insoutenable : ce serait une violation des règles
de l'équité » (3).

Si l'on applique cette doctrine aux divers États qui ont
taxé leurs rentes, on admet, pour l'Angleterre, qu'elle
n'a commis aucune violation du droit, car l'income-tax
frappe tous les revenus également ; de même pour la
Russie où les quelques emprunts soumis à l'impôt sur le
revenu des capitaux, sont assimilés au traitement de toutes
les valeurs mobilières. Il faut blâmer, au contraire, le
procédé du Portugal et de la Grèce, qui ont récemment
frappé leur dette dans des conditions telles que tous leurs
créanciers se sont plaints d'être les victimes d'une banqueroute partielle.

Si la première opinion est inadmissible, la seconde
n'est pas exacte. Elle fonde la légalité de l'impôt sur
une distinction entre le rentier créancier de l'État et le
rentier citoyen du pays. C'est, au contraire, dans la
nature des attributions de l'État qu'il faut faire une distinction semblable : car il est d'un côté débiteur et, de
l'autre, taxateur. Dans l'emprunt il se présente comme une
personne privée, comme un établissement public semblable

(1) Opinion de M. Ducrocq, dans l'*Économiste français* (mai 1896).
(2) *Traité de la science des finances*. t. II, p. 547.
(3) *Économiste français*, 30 mai 1896.

aux communes ou aux départements. C'est en vertu des
mêmes droits qu'il vend ses immeubles, échange ou
emprunte. Il exerce ici les fonctions qui appartiennent à
tout citoyen. Quand il impose, il revêt un tout autre caractère : le droit d'imposer n'est reconnu qu'à lui, en effet,
et correspond aux devoirs de protection et de justice qui
lui incombent. Ce droit ne peut donc être atteint par aucune des dispositions contenues dans une loi d'emprunt.

Nous ne pouvons, en conséquence, suivre les auteurs
cités plus haut quand ils repoussent l'impôt spécial. Car
théoriquement, ou bien le droit d'imposer reste entier, ou
bien il est annulé par le contrat passé ; il n'y a pas d'opinion intermédiaire qui puisse se soutenir, et la distinction
qu'on soutient ne repose sur rien de sérieux.

L'État peut donc à notre avis imposer les rentes qu'il doit,
et son pouvoir souverain est, en droit, sans limites. En fait,
il en est tout autrement. Le législateur devra s'assurer de
l'opportunité de la mesure à prendre, sous peine de soulever
contre lui une impopularité dangereuse. En France particulièrement, l'impôt spécial serait presque unanimement
considéré comme une atteinte à la bonne foi.

## § 2. — Cas où l'État a pris un engagement. — Nullité de toutes dispositions de ce genre.

Il faut examiner maintenant l'hypothèse où il y a eu
promesse d'immunité.

Beaucoup d'États, soit au moment de leur création, pour mieux établir leur crédit, soit à la suite d'une banqueroute, pour ne pas trop affaiblir celui qui leur reste, se sont engagés envers les rentiers à ne pas frapper leurs titres des impôts existants ou futurs. C'est le cas de l'Italie en 1861, de l'Autriche en 1868, de la Russie pour la plupart de ses emprunts, de la Roumanie, de la Serbie, etc. Dans quelle mesure sont-ils liés ?

Comme dans l'espèce précédente, trois opinions principales se sont manifestées : la première soutient que, dans ce cas, plus encore que dans le précédent, l'État est tenu de respecter le contrat intervenu, puisqu'une promesse formelle est venue le consacrer à nouveau.

D'autres estiment, et cela a été notamment soutenu pendant une discussion à la Chambre italienne en 1868, qu'un engagement de cette nature ne se rapporte qu'aux impôts spéciaux sur les rentes, mais n'interdit nullement de les soumettre au droit commun en matière fiscale, par exemple à une taxe frappant tous les revenus. La troisième, adoptée par plusieurs des orateurs qui discutèrent la question à la Chambre française en 1896, et qui est la vraie, s'appuie sur l'inaliénabilité de la souveraineté nationale, et n'attache aucune valeur juridique aux engagements qu'a pris l'État ; elle les déclare nuls et admet par suite la légitimité, même la nécessité de l'impôt sur la rente, quelle qu'en soit la forme.

La doctrine la plus répandue admet que l'État doit obéir aux engagements qu'il a pris ; d'après elle, les contrats intervenus entre la nation et un particulier ont les caractères des autres conventions, car le Code civil ne distingue pas et édicte une règle qui doit s'appliquer à tous les contractants : « Les conventions légalement formées tiennent lieu de loi à ceux qui les ont faites. Elles ne peuvent être révoquées que de leur consentement mutuel. Elles doivent être exécutées de bonne foi (1). » Si l'on admet ce principe on doit en conclure que toute nation qui a fait une promesse garantissant l'immunité de ses rentes, doit la respecter, à moins d'obtenir le consentement de ses créanciers à la taxation ou de leur offrir le remboursement au pair. C'est ce que Thiers défendait en 1833. « A l'égard des rentiers, il existe une loi qui fait défense expresse d'imposer la rente », et Gambetta plus récemment : « L'impôt ne saurait atteindre la rente qu'au mépris d'un contrat solennel qu'aucune juridiction ne peut rompre. »

C'est là restreindre trop facilement le pouvoir de l'État. A M. Thiers, qui invoque une loi, il est facile de répondre qu'une autre décision législative peut remplacer la précédente et ordonner la taxation. L'État ne peut s'engager par sa volonté unilatérale, et il n'y a pas de lois qui valent pour l'éternité. Quant au contrat qui se serait formé entre le créancier et le débiteur, c'est se méprendre singulièrement sur ses effets que d'en déduire une impossibilité d'imposer. On commet ici une confusion évidente entre l'État souverain

(1) Art. 1134. *Code civil.*

qui a des droits intangibles et l'État, agissant comme un individu, aliénant, achetant ou empruntant. C'est en cette dernière qualité que l'État a pris des engagements envers ses créanciers ; toutes ces promesses n'ont pu prévaloir contre le droit d'imposer, qui reste entier et que la Nation exercera selon son bon plaisir.

Cette première doctrine doit donc être écartée. Celle qui restreint le pouvoir de l'État et rejette les impôts spéciaux, qui atteindraient les rentes plus que les autres revenus, ne semble pas plus admissible. Pourquoi limiter ainsi le pouvoir du législateur ? On peut invoquer en faveur de cette théorie des considérations de justice, d'opportunité, mais aucun argument juridique. L'exemple de l'Italie en 1868 va le prouver. L'article 3 de la loi du 18 juillet 1861 déclarait : « Les rentes inscrites sur le Grand-Livre ne doivent à aucune époque et pour aucune cause, même de nécessité publique, être soumises à aucun impôt. » Pendant la discussion qui se produisit en 1868, on soutint que ce texte autorisait les impôts généraux sur les revenus, non les impôts spéciaux sur la Dette. Il est évident qu'il ne fait aucune distinction, qu'il permet aussi bien les uns que les autres, puisque l'engagement qu'il prend est, nul aux yeux du législateur.

La solution du problème que nous discutons est, en effet, dans la doctrine de l'inaliénabilité de la souveraineté nationale. L'État qui possède cette souveraineté est placé au dessus de tout autre pouvoir, il ne dépend que de lui-même. Ses droits ne sont limités en fait que par ceux des autres

États ; les contrats qu'il passe avec eux ne sont pas cependant une aliénation de la souveraineté, car il peut toujours les dénoncer ou les violer. A fortiori, les contrats passés avec les particuliers n'atteignent en rien ses droits. Ces contrats sont le fait d'une individualité qui se distingue nettement de la Nation souveraine ; c'est en qualité de personne morale administrative, d'établissement public, que l'État s'engage ici. Et le citoyen auquel il a promis de ne pas frapper le titre qui lui est remis, n'a recueilli aucune part de la souveraineté. Elle est donc restée entière, et, le droit d'imposer formant une de ses prérogatives les plus indiscutables, le législateur a le droit de ne pas tenir compte des engagements pris : « Les contrats dans lesquels la souveraineté n'est pas engagée doivent être exécutés avec la dernière rigueur par l'État, mais ceux où elle l'est sont tout différents « (1) ; les clauses qui engagent le pouvoir supérieur sont nulles.

Si nous appliquons ces principes à la question de l'impôt sur la rente, il en résulte que le Parlement pourrait aussi bien, en droit, frapper les créanciers de l'État d'une taxe spéciale, que d'un droit qui serait perçu sur tous les revenus, quelles que soient du reste les promesses que l'on puisse invoquer en sens opposé. Car il a juridiquement le droit de demander à qui il veut, et dans la proportion qui lui paraît convenable, les sommes nécessaires

(1) Discours de M. Aynard à la Chambre des Députés. *J. O.* Séance du 2 juillet 1896, p. 1.173.

pour assurer le bon fonctionnement des services publics (1).

On objecte que si la nation n'est pas liée par l'engagement de ne pas taxer la rente, elle ne l'est pas non plus par la promesse de fournir des arrérages en échange du capital qu'on lui verse. En droit, cette conséquence est admise, en effet, par quelques partisans de notre doctrine.

« En frappant directement la rente malgré l'engagement de l'État, a dit M. Jaurès, on proclamerait que la nation souveraine a le droit de reviser les contrats de propriété, quand ils ne sont plus conformes à l'intérêt de justice ou à l'intérêt public. » Hâtons-nous d'ajouter qu'une mesure de ce genre, même si elle est juridiquement légale, serait impossible en fait, car elle entraînerait une révolte du pays contre le législateur assez imprudent pour la prendre. L'État, s'il a ici un droit, aurait grand tort de l'exercer.

Nous aurons, du reste, à étudier plus loin les conséquences de l'impôt sur la rente au point de vue économique et nous verrons que l'impôt spécial doit être rejeté à cause des effets désastreux qu'il entraînerait. La question de la légalité de cet impôt n'en reste pas moins très

---

(1) Il est évident qu'en fait, l'État doit obéir à de multiples préoccupations de proportionnalité et d'opportunité, qui annulent en grande partie son droit strict, et qui en font un pouvoir presque uniquement théorique.

claire, et la solution est la même, que les créanciers de
l'État puissent ou non invoquer une promesse d'immunité.

## § 3. — La France est-elle liée par une promesse?

Il n'en est pas moins intéressant de rechercher si la
France est dans la première situation envisagée ou si le
législateur n'y a jamais pris d'engagement. Car la majorité des économistes s'appuie encore aujourd'hui sur une
promesse qu'ils déclarent formelle, pour s'opposer chez
nous à tout impôt. En est-il réellement ainsi?

La doctrine qui a jusqu'ici triomphé devant le Parlement, s'appuie d'abord sur l'article 98 de la loi du
9 vendémiaire an VI (30 septembre 1797). Cette disposition placée dans la loi de finances de l'an VII, consacre
le remboursement des deux tiers du capital de la Dette.
En voici le texte : « Chaque inscription au Grand-Livre
de la Dette publique, tant perpétuelle que viagère, liquidée
ou à liquider, sera remboursée pour les deux tiers (en
bons au porteur), l'autre tiers sera conservé en inscriptions au Grand-Livre et payé sur ce pied à partir du
deuxième semestre de l'an V. Le tiers de la Dette publique conservé en inscriptions *est déclaré exempt de
toute retenue présente et future.* »

Tous les ministres des finances, jusqu'en 1896, sont

venus affirmer au Parlement et aux rentiers qu'il y a là un engagement général qui s'oppose en France à toute création d'impôt sur la Dette publique. C'est Thiers, le 15 avril 1833 : « A l'égard des rentiers, il existe une loi... qui fait défense expresse d'imposer les rentes. » C'est Lacave-Laplagne, en 1847 : « Le gouvernement a garanti, par son silence, à tous les emprunts contractés depuis la loi de l'an VI, les mêmes droits qu'aux précédents. » De même Gambetta, qui attaque le projet d'impôt de M. Raudot, dans la séance du 23 décembre 1873, en déclarant que ce projet « atteint la rente au mépris d'un contrat solennel qu'aucune juridiction ne peut rompre » (1). Ces citations suffisent à montrer avec quelle force nos principaux hommes d'État ont soutenu cette interprétation de l'article 98 de la loi de Vendémiaire.

Leur opinion commune a fourni un nouvel argument aux partisans de l'immunité. « Il y a un engagement moral, disent-ils, qui équivaut à une disposition précise, car les rentiers ont cru, en souscrivant ou en achetant leurs titres, être à l'abri de toute taxe. On trahirait donc leur confiance, on ferait une véritable banqueroute en les frappant. » M. Léon Say a été jusqu'à proclamer que ce serait là une mesure semblable aux anciens « retranchements de quartier ».

Cette doctrine s'appuie, en outre, sur deux lois de 1878

---

(1) Gambetta, proposa d'ailleurs, trois ans après, un projet d'impôt sur les revenus qui n'épargnait pas les rentes. (Voir p. 77).

et de 1894 qui auraient affirmé à nouveau le privilège au moment de la création de la rente amortissable et de la conversion du 4 1/2 0/0 en 3 1/2.

A notre avis, tous ces arguments sont contestables, et nous allons montrer que la portée des dispositions invoquées n'est pas celle qu'on veut leur donner.

1° D'abord quel est le sens du mot *retenue* dans l'article 98 de la loi de l'an VI, et comment convient-il d'entendre cette disposition ? C'est le fond même du débat, car toute l'argumentation de nos contradicteurs s'appuie sur ce texte. Seul, l'historique de la question permet d'élucider ce point.

Nous avons vu comment l'ancienne monarchie avait été, pour les créanciers de l'État, le pire des débiteurs, car elle ne les payait pas souvent. Aussi, pour trouver des souscripteurs, devait-elle promettre qu'elle ne ferait pas de retenue sur les emprunts. Toutes les ordonnances du XVIII<sup>e</sup> siècle relatives à des émissions de rentes portent cette mention qu'il n'y aura pas de retenue sur les arrérages. Est-ce à dire que les porteurs seront exempts d'impôts ? En aucune façon, car ils paient, comme nous le verrons (1), d'abord le dixième, puis le vingtième qui frappent tous les revenus. Le mot *retenue* désigne donc simplement, à cette époque, les mesures arbitraires, les taxes spéciales qui pourraient atteindre la Dette publique.

Au début de la Révolution, le sens du mot se maintient ;

_____

(1) P. 48 et suiv.

nous le retrouvons dans un des premiers décrets de
l'Assemblée constituante, celui du 17 juin 1789 : « Aussitôt
que l'Assemblée aura, de concert avec Sa Majesté, fixé
les principes de la régénération nationale, elle s'occupera
de l'examen et de la consolidation de la Dette publique,
plaçant les créanciers de l'État sous la sauvegarde de
l'honneur et de la loyauté françaises, et déclarant que,
dans aucun cas et sous aucun prétexte, il ne pourra être
fait aucune nouvelle retenue, ni réduction quelconque
sur une partie de la Dette. » Le mot retenue semble donc,
dans ce texte, synonyme de réduction, et désigne, par
conséquent, une mesure spéciale, mais non un impôt qui
assimilerait la condition des rentiers à celle des autres
citoyens.

Un passage du discours prononcé par Mirabeau, le
4 décembre 1790, le prouve mieux encore ; opposant la
retenue à l'impôt, il attaque, dans ce discours, un projet qui
tendait précisément à taxer la rente : « Ce n'est pas *un
retranchement de rentes*, une *retenue* dont il s'agit, car
on avoue que ce serait une banqueroute partielle, une violation de l'engagement national ; c'est une *simple imposition* qu'ils entendent, une taxe levée sur les rentes
comme sur les autres propriétés. » Et Mirabeau répète
plus loin : « Soumettre le rentier à une retenue, à un
impôt direct sur la rente, ce n'est pas vouloir qu'il paye
sa part des contributions publiques, c'est vouloir qu'il la
paye deux fois. »

Dans ces deux passages, le sens du mot retenue est

constant : c'est la réduction d'arrérages, c'est l'impôt *spécial* qui est visé. En était-il encore de même en l'an VI? Tout porte à le croire. Les travaux préparatoires ne contiennent aucun renseignement particulier démontrant que l'expression dont il s'agit ait changé de sens.

On a objecté que la loi de l'an VI supprimait la taxe établie sur les rentes par la loi du 24 août 1793 et que dès lors elle garantit bien la Dette publique contre toute taxation future.

Sans doute, les arrérages ne sont plus soumis à la retenue opérée depuis 1793 comme équivalent de la contribution foncière ; mais cette retenue n'était-elle pas précisément l'impôt spécial visé plus haut ?

On sait que la Constituante avait établi un système homogène d'impôts directs ; le revenu global des citoyens était atteint proportionnellement par la contribution mobilière. Ce revenu était fixé d'après certains indices, tels que le loyer, les domestiques, etc. Les rentiers étaient donc soumis à cette charge comme les autres citoyens. Et c'était leur imposer un régime d'exception, une taxe supplémentaire, que de les assujettir à la contribution foncière, comme l'avait fait Cambon en 1793. Il avait seulement voulu faire payer aux rentiers l'unification de la Dette opérée par la même loi (1) (art. 111 et 112 de la loi

---

(1) « Le Grand-Livre de la Dette sera d'une grande utilité, pour établir les contributions. Ce sera un cadastre d'après lequel on pourra répartir l'impôt avec plus d'égalité que sur les fonds territoriaux. Aussi n'avons-nous pas hésité à vous proposer d'assujettir l'inscrip-

du 24 août 1793). Ces articles devaient donc être abrogés, si le législateur de l'an VI entendait rester fidèle à son principe. Au contraire, les droits d'enregistrement ou de timbre précédemment établis devaient être maintenus, puisque, supportés par tous les capitaux ou par tous les titres, ils appliquaient seulement le droit commun à la Dette publique.

C'est, en effet, la solution adoptée : les articles 16 et 17, loin d'abroger la loi de 1790, augmentent, au contraire, le taux qu'elle avait fixé (1). Le sens de la disposition de l'article 98 est donc, d'après nous, certain. le mot retenue ne s'applique qu'aux impôts *spéciaux* sur la rente ; nous avons vu que cela n'implique nullement que le législateur n'ait pas, *en droit*, le pouvoir de les créer, mais cette constatation est importante pour juger de la question d'opportunité.

En dehors de la première opinion énoncée, nous en avons relevé deux autres.

M. Fernand Faure, dans un article paru dans la *Revue politique et parlementaire* (2), donne l'explication suivante de l'article 98 : « Les créanciers allaient être cruellement frappés, dit-il, ils allaient perdre les deux tiers

tion sur le Grand Livre au principal de la contribution foncière. » (Rapport de Cambon, lu le 15 Août 1793. Voir p. 60).

(1) Les transferts à titre onéreux de rentes sur l'État seront assujettis à un droit de 1 0/0 du revenu annuel des rentes perpétuelles et 1/2 0/0 des rentes viagères.

(2) Juillet 1895.

de leur capital. N'était-il pas équitable de leur accorder
une compensation ? Cette compensation était tout naturellement indiquée ; il fallait les exempter de l'impôt qui les
accablait, de la contribution foncière prélevée sur eux par
voie de retenue. Telle est l'exemption accordée par l'article 98. Elle s'étend aux seuls porteurs de tiers consolidé, et elle s'applique seulement à la contribution foncière dont les avait frappés la loi de 1793. » C'est là,
suivant nous, une interprétation à la fois trop restrictive
et inexacte. Elle est inexacte, puisque rien n'empêche
l'État de créer à nouveau cette contribution foncière
établie en 1793, et il l'a fait en 1837 pour les rentes constituées en majorat. Et elle est trop restrictive, si on le
juge au point de vue de l'État privé, car le texte porte :
« le tiers maintenu sera exempt de toute retenue présente
et *future*. » S'il ne pouvait se comprendre que de l'impôt
de 1793, cette dernière épithète eût été inutile. Il faut
donc étendre cette explication. Sans doute, c'est aux taxes
de cette catégorie que s'applique le texte, mais pas uniquement à celle qu'avait fait établir Cambon.

On a dit aussi, notamment dans la discussion de 1896
à la Chambre des députés, que la disposition visée équiva-
lait seulement à une promesse que les rentes ne seraient
plus soumises à des retranchements de capital, à des con-
solidations de quartier, procédés si souvent employés par
l'ancien régime. Cette opinion ne tient pas compte du
mot retenue, qui ne s'est jamais appliqué qu'aux arrérages. En outre, comme on l'a dit à ce moment, il n'est

pas probable que « l'article ait été inséré dans la loi seulement pour garantir que l'État n'aurait pas le droit de faire faillite » (1).

La seule explication vraie et même vraisemblable nous paraît donc être celle que nous avons donnée. Les hommes d'État qui en ont affirmé une autre, au cours de ce siècle, ont voulu, avant tout, rassurer les rentiers et consolider le crédit national, sans rechercher le sens exact de la loi.

2° On a invoqué en faveur de l'immunité des rentes, outre la loi de l'an VI, l'unanimité de la doctrine sur la question, et surtout l'opinion concordante des ministres des finances.

Qu'en est-il de cette prétendue unanimité ?

Il suffit de remarquer que de nombreux auteurs ont attaqué le privilège des rentes françaises (2). Quant aux financiers, beaucoup d'entre eux ont déposé au Parlement des projets visant directement la taxation des fonds publics ou les atteignant par une réforme générale de notre législation fiscale (3). Et deux ministres des finances ont pris l'initiative de propositions semblables pendant les premiers mois de 1896.

Voici, entre autres, deux opinions particulièrement autorisées parmi les plus récentes. En mars 1893, M. Bou-

---

(1) Discours de M. Ribot à la Chambre des Députés, *J. O.* séance du 1er juillet 1896, p. 1.144, 3e colonne.

(2) Voir les citations faites (p. 22 et suiv.) de MM. de Parieu, Leroy-Beaulieu, etc.

(3) Voir *infra*, p. 73 et suiv.

langer, dans un rapport au Sénat (1), s'exprimait ainsi :
« L'État doit imposer la rente ; son exemption est un privilège, car d'une manière générale, l'impôt est dû par
tout citoyen. » Et de son côté, M. Cochery défendait en
ces termes son projet d'impôt sur les revenus, le 3 juillet 1896 : « Nous proposons une imposition sur le revenu
des citoyens français. Nous leur disons : quels que soient
les revenus de votre richesse acquise, quelle qu'en soit la
source, nous entendons que vous veniez apporter une
même quote-part aux dépenses publiques. Nous voulons
que vous, rentiers, porteurs de rentes françaises, de
rentes étrangères, propriétaires de maisons, de champs,
vous soyez traités sur le même pied, parce que vous avez
tous le même intérêt dans la collectivité, que tous vous
devez contribuer dans une même proportion aux charges
communes (2). »

Il est donc inadmissible que l'on excipe encore aujour-
d'hui d'une soi-disant croyance légitime des créanciers de
l'État à une immunité durable fondée sur un engagement
absolu du Trésor public. N'ont-ils pas été suffisamment
éclairés par les discussions multiples qui se sont produites
dans les Chambres ?

3° Le privilège des rentiers a été atteint déjà assez profondément par plusieurs dispositions, qui, sans avoir

---

(1) Rapport sur le projet de loi du budget de l'exercice 1893, *J. O.*
annexes, Sénat, p. 644.

(2) *J. O.* Séance du 3 juillet 1896, p. 1.181.

égard aux prétendus engagements de l'an VI, ont ramené les rentes au droit commun.

Nous aurons à étudier plus loin (1) comment, devant la baisse effrayante du crédit public, le Directoire a fini par supprimer tous les droits qui pouvaient atteindre, même indirectement, la Dette publique. Mais cette mesure momentanée n'a pas été entièrement maintenue. Si, pendant plus de trente années, les rentes ont été complètement privilégiées, les lois du 18 juillet 1836 et du 18 mai 1850 sont revenues sur l'exemption des droits d'enregistrement accordée le 22 frimaire an VII, et ont assujetti les rentes au régime du droit commun pour les transmissions à titre gratuit.

D'autre part, l'impôt sur les opérations de bourse, créé récemment par la loi du 28 avril 1893, est perçu sur les négociations de fonds d'État français comme sur toutes les autres. Et si, en 1895, on a fait remise aux premières des trois quarts du droit, elles restent cependant taxées.

4° Un dernier argument est encore opposé à notre doctrine ; il y aurait eu de nouveaux engagements, ou, au moins, une confirmation explicite des anciens en 1878 et 1894.

La loi du 11 juin 1878 crée les rentes amortissables : « Notre futur 3 0/0, dit l'exposé des motifs, sera naturellement exempt d'impôts sur les transmissions et sur le revenu, comme tous les titres de rente créés en France. »

_____

(1) Voir p. 64.

La loi est moins affirmative : « Tous les privilèges et immunités attachés aux rentes sur l'État, sont assurés aux rentes 3 0/0 amortissables. Ces rentes sont insaisissables conformément aux dispositions des lois des 8 nivôse an VI · et 22 floréal an VII, etc. (art. 3). » On ne saurait voir là autre chose qu'une reconnaissance toute naturelle de l'immunité actuelle dont bénéficient les arrérages de la Dette. Quant à un engagement pour l'avenir nous ne l'y trouvons pas. D'ailleurs, dans le projet du gouvernement, l'article 3 commençait ainsi : « Tous les privilèges et immunités attachés aux rentes sur l'État sont assurés aux rentes 3 0/0 amortissables, « qui *jouissent notamment des exemptions d'impôts* garanties actuellement aux titres de la Dette consolidée par les lois en vigueur. »

C'était une reconnaissance formelle de l'immunité. La Commission de la Chambre se refusa à l'admettre, et le dernier membre de phrase fut supprimé, avec le consentement du ministre des Finances.

La loi du 17 janvier 1894 décide d'autre part : « Tous les privilèges et immunités attachés aux rentes sur l'État, sont attachés à celle du nouveau fonds 3 1/2. » Pas plus que la précédente, cette disposition ne lie indéfiniment l'avenir pour l'immunité d'impôt. Aucune loi du reste ne pourrait équivaloir à une aliénation de la souveraineté nationale, car l'État qui serait intervenu seul en 1878 et en 1894, pour établir ces limitations, peut toujours modifier la volonté qu'il a exprimée.

Et ces textes vagues pourraient même devenir un nouvel

argument en faveur de notre thèse : s'il y avait eu un
engagement réel reconnu par l'État, et s'il avait constitué
une aliénation de la souveraineté, les Chambres n'auraient-
elles pas dû, pour dissiper tous les doutes, et mettre fin
à toute controverse, profiter d'une de ces deux occasions
et affirmer le privilège ? Ne le pouvaient-elles pas déjà
quand, le 8 avril 1886, M. Duval proposa à la Chambre
des députés l'amendement suivant à un projet d'emprunt
d'un milliard : « Les rentes qui seront émises en exécution de la présente loi, ainsi que les rentes émises jusqu'à
ce jour, sous la dénomination de rentes 4 1/2 0/0, 4 0/0,
3 0/0 perpétuel et amortissable, ne pourront être frappées
d'aucun impôt. » Le rapporteur repoussa l'amendement,
en déclarant « qu'aucun impôt *spécial* ne pouvait frapper
les rentes, que cela était entendu ». La Chambre admit
cette interprétation des textes existants, car elle repoussa
par 317 voix contre 183, la motion de M. Duval.

En résumé, la loi de Vendémiaire an VI est la seule
qui doive être envisagée. Elle ne prescrit pas l'exemption
de tout impôt, mais uniquement celle des taxes spéciales.
Par suite, même si l'on adopte la doctrine qui croit l'État
engagé par cette disposition, on doit admettre soit
une taxe sur les revenus atteignant la rente avec les
autres ressources, soit un impôt sur les valeurs mobilières, en un mot, toute mesure appliquant le droit
commun. Et nous avons montré, du reste, que l'État n'est *en
droit* lié par aucune loi antérieure, que tout impôt est juridi-

quement licite ; l'Etat n'a pas dès lors à s'arrêter à la promesse, même partielle, du Directoire.

Mais les objections que soulèverait, à juste titre, l'impôt spécial et que nous aurons à développer, après avoir examiné quelles formes peut revêtir l'impôt sur la rente et quelles applications il en a été fait en France et à l'étranger, sont de nature à détourner le législateur de mettre en pratique le droit qu'il tient du principe de la souveraineté nationale. Gambetta a déclaré que ce serait un « danger » pour l'État que cette taxation spéciale (1). C'est à cette opinion que nous nous rallierons.

(1) « En assujettissant les titres de rente à l'impôt sur les valeurs mobilières, écrit-il en 1876, nous nous mettons en dehors de toutes les objections faites contre le danger de les frapper *spécialement*. »

# CHAPITRE II

Quels sont les États qui ont taxé leur dette publique ? Comment ont-ils réalisé cette mesure ? En France, quelle est l'économie des propositions de lois déposées à ce sujet ?

Pour répondre à ces questions nous étudierons l'histoire de l'impôt sur la rente en France, puis dans les principaux pays étrangers.

## § 1. — Quels impôts peuvent être établis ?

Et d'abord comment peuvent être frappés les arrérages d'une dette publique ? Par des taxes directes ou indirectes.

Les taxes directes, prélevées sur le montant des titres, d'après les dispositions budgétaires, atteignent la richesse elle-même, sans se préoccuper du propriétaire, ou bien elles demandent au contribuable, d'après une évaluation faite d'office, ou suivant une déclaration, une partie de

son revenu global. C'est l'impôt *réel* ou l'impôt *personnel*.
Peuvent-ils, l'un et l'autre, être également considérés
comme une taxe sur les rentes?

Sans doute, l'impôt réel, perçu le plus souvent par voie
de retenue, aura bien ce caractère, même si l'on a voulu
atteindre tous les revenus d'une même personne (1).
Pour l'impôt personnel, il en est de même ; car si le contribuable dont on a fixé le revenu global, doit payer lui-
même l'impôt, sans que l'État intervienne par aucune
retenue, on ne soustrait en rien du revenu total qu'il
a déclaré ou qu'on lui attribue, le montant des rentes.
Il peut se faire que toute la fortune d'une personne
consiste en un titre de rente, et, dans ce cas, la contribution
établie sur sa fortune globale ne tiendra aucun compte de
la source du revenu. C'est donc aussi un impôt sur la
rente. De même l'impôt sur le revenu prussien (*Einkommensteuer*). C'est à tort que M. Rouvier disait, en 1896 :
« Rien n'est plus différent de l'impôt sur la rente que
l'impôt global sur le revenu. » Le mode de perception par
retenue n'implique nullement un changement dans l'assiette de l'impôt.

---

(1) C'est ce que montrait M. Casimir-Périer, dans son rapport du
31 août 1871, à propos de l'Angleterre : « On alléguerait vainement
que l'Angleterre, en n'hésitant pas à frapper son 3 0/0, n'a pu agir
ainsi qu'en s'adressant à l'ensemble des revenus sans distinction d'origine et en ignorant cette origine, car si c'est après déclaration générale, c'est toutefois par voie directe de retenue que s'opère la percep-
ion de l'impôt. »

Les taxes indirectes qui peuvent frapper la Dette sont très nombreuses. Le plus souvent ce sont des droits d'enregistrement, perçus sur le capital à l'occasion des mutations de propriété ou de jouissance, des droits de timbre sur les titres même ou sur les inscriptions au Grand-Livre, etc. Quelques pays ont aussi établi un impôt sur les opérations de bourse.

### § 2. — Exemples tirés de la législation ou des propositions de loi en France.

#### A. — Ancien régime.

Dès la création de la Dette, aux XIV^e et XV^e siècles, les rois de France comprirent qu'il était de leur intérêt de réserver quelques privilèges à leurs prêteurs (1). L'exemption de toutes charges fiscales est déjà adoptée comme un moyen, pour la couronne, d'obtenir de meilleures conditions. Et comme à cette époque, l'égalité en matière d'impôt était inconnue, on allait jusqu'à exempter de toutes taxes quelconques ceux qui aidaient le roi de leurs deniers. L'ordonnance du 24 mars 1415 en donne un exemple : « Les officiers de

---

(1) Ainsi, en 1302, le roi affranchit de l'arrière-ban ceux de ses sujets qui lui fournissent de l'argent pour la guerre. De même, lettre patente du 4 juin 1415. De même encore François 1er qui, en 1522, donne un privilège de juridiction aux bourgeois de la ville qui lui ont prêté 200.000 livres tournois.

la Chambre des Comptes sont deschargés, s'ils font
avance au roi de 3.000 livres tournois, du dernier ayde
mis sus, du dixième ou équivalent, et autres subventions
ou contributions imposées ou à imposer tant sur les laïcs
que sur les gens d'église. »

La taille frappait alors l'ensemble des ressources des
particuliers ; elle comportait beaucoup d'exemptions per-
sonnelles et entraînait les plus grands abus. Si elle n'atteignait pas directement les rentiers, elle tenait lieu pourtant de taxe sur le revenu global et n'exemptait pas les
titres de la Dette. Dans quelques provinces seulement, ils
étaient atteints directement : « Le principe de l'imposition
sur les deniers mis aux intérêts des rentes et pensions
était admis dans plusieurs provinces, et rattaché au principe de l'imposition sur l'industrie (1). »

C'est seulement au début du xviiie siècle qu'un des
contrôleurs de finances de Louis XIV, Desmarets, généra-
lise cette mesure et fait créer un impôt sur les revenus,
qui, applicable aux rentes sur l'État, est perçu par retenue
au moment du payement des arrérages.

Jusque-là, les prédécesseurs de Desmarets avaient sim-
plifié la question, en suspendant le service de la Dette ou
en réduisant les quartiers de rentes, quand ils étaient à
court d'argent.

La fin du règne de Louis XIV fut marquée par des

(1) Despeisses. *Traité des tailles et autres impositions*, 1656,
art. 9, p. 110.

guerres malheureuses; les armées étrangères envahirent le territoire, et surtout de très mauvaises récoltes achevèrent de vider les caisses publiques. On dut se résoudre à supprimer les privilèges et une ordonnance, signée le 14 octobre 1710 à Marly, établit un impôt du dixième sur tous les revenus. L'ordonnance fut enregistrée, non sans résistance, le 17 novembre, par le Parlement de Paris.

L'article 4 soumettait à la redevance, qui devait cesser après la paix : « Toutes les rentes sur l'Hôtel de Ville et sur le clergé, sur le contrôle des actes des notaires, sur les villes, provinces et pays d'État, les augmentations de gage, les pensions, gratifications, dons et acquits patents. »

Tous les fonds d'État sont donc frappés. Mais, dès l'année 1713, les affaires du Trésor périclitant toujours, Desmarets recourt à une mesure encore plus radicale : un édit d'octobre convertit les rentes sur l'Hôtel de Ville en nouveaux contrats au denier 25, ajoute les intérêts en retard au capital et réduit des deux cinquièmes le montant des rentes contractées depuis 1706. En revanche, ces dernières sont exemptées de la retenue de 10 0/0.

En 1717, après la mort de Louis XIV et le rétablissement de la paix, le dixième est supprimé.

La taxe du cinquantième, perçue d'abord en nature, puis en argent, de 1725 à 1727, n'atteignit pas les rentes.

De même, le dixième, rétabli deux fois, en 1733 et en 1740, fut déclaré n'affectant pas « les rentes perpétuelles et viagères sur l'Hôtel de Ville et sur les tailles, les quittances de finances portant intérêt à 2 0/0 employées dans les États du roi. » (Art. 4).

La Dette perpétuelle est également exonérée des vingtièmes qui s'élevèrent jusqu'à trois en 1759. Mais la dette du clergé, des villes, provinces et pays d'États est frappée. (Art. 7 de l'ordonnance de 1749, créant le premier vingtième.)

Il faut ajouter qu'à la même date, Machault d'Arnonville institue une caisse d'amortissement, à l'exemple de l'Angleterre, caisse alimentée par les rentiers eux-mêmes, à qui l'on retient dans ce but 5 0/0 de leurs arrérages. A partir de 1764, c'est un dixième qui est affecté à l'extinction de la Dette. Une nouvelle caisse est alors fondée par le chancelier L'Averdy qui veut « mettre plus de proportion dans la contribution aux dettes dont les créanciers sont tenus comme les autres ». (Ordonnance de décembre 1764.) On dote, en outre, cette caisse d'amortissement du produit d'un droit de mutation créé en 1767. Mais, au bout de six ans, l'abbé Terray en prend tout l'actif pour venir en aide au budget dont les déficits sont permanents. Et, de plus, il décide que les retenues imposées aux créanciers de l'État seront consolidées, chacun d'eux ne figurant plus aux états de payement que pour le net. (Lettres patentes du 12 mars 1770.)

Ce ne fut pas la seule mesure de ce genre que prit ce singulier contrôleur des finances. Il arriva successivement à réduire les arrérages de moitié (20 janvier 1770), à convertir les rentes tontinières en rentes viagères

(18 janvier 1770), à ajourner le remboursement de capitaux arrivant à échéance (25 février 1770), etc. Ensuite,
il promit solennellement que les rentes seraient pour
toujours exemptes de toutes retenues ou impositions. Il
est difficile de croire qu'aucun des sujets du royaume
ajouta foi à cette déclaration. Cependant elle ne semble
pas avoir été violée, grâce à la sagesse de la plupart des
ministres de Louis XVI. Necker la renouvela à l'occasion
de presque tous ses emprunts.

En mai 1789, aucune autre retenue n'avait été décidée.
Alors s'ouvrent les États généraux.

### B. – Révolution.

L'histoire de l'impôt sur la rente pendant la Révolution,
et surtout pendant l'Assemblée constituante, présente un
intérêt particulier, car c'est à cette époque que s'est établi
notre système d'impôts directs.

Nous avons vu déjà que, dans les premiers décrets
rendus par les États généraux à Versailles, figurait une
déclaration mettant les créanciers de l'État « sous la sauvegarde de l'honneur et de la loyauté françaises », et
assurant qu'il ne leur serait jamais imposé de retenues (1).

Cependant les cahiers des Assemblées de bailliages et
de sénéchaussées étaient loin d'être unanimes sur la

(1) Voir p. 35.

question de l'immunité des rentes. La plupart admettent
la reconnaissance des dettes du royaume comme dettes
de la nation (on a pu en compter en ce sens 45 du clergé,
75 de la noblesse, 86 du Tiers-État) (1). Mais plusieurs se
figurant que les rentiers ont prêté à la royauté à un taux
usuraire, demandent la réduction des arrérages au taux
légal. Et un grand nombre (près de 150) expriment le vœu
que les rentes soient imposées. Ils veulent l'assimilation
aux propriétés foncières, car les rentes sont alors considé-
rées comme des immeubles ; ils demandent que « l'impôt,
prix de la protection accordée par le gouvernement à la
propriété, soit payé par toutes les propriétés protégées par
le gouvernement. » Le cahier du Tiers de la Chapelle-
St-Denis réclame que les « impôts anciens soient supprimés et remplacés par un impôt unique qui soit également réparti, à raison d'un dixième sur les rentes, un
sixième sur les maisons, un cinquième sur les terres (2). »
Celui de Charonne est d'avis que l'imposition des capitalistes qui ont toutes leurs fortunes dans leurs portefeuilles
est le seul moyen de faire cesser l'agiotage (3).

Les doléances du clergé de Mantes résument sur
ce point l'opinion des réclamants : « Comme il ne se-

---

(1) L'*Impôt sur la rente et l'Assemblée constituante*, par M. Go-
mel. *Économiste français* du 22 février 1896. — Voir aussi du même
auteur : *Les Causes financières de la Révolution française*. — Et
l'*Histoire financière de l'Assemblée constituante*.

(2) Chemin. *Élections et cahiers de Paris*, 4e vol, p. 233.

(3) *Id.*, p. 254.

rait pas juste que des capitalistes dont la fortune est enfermée dans un portefeuille fussent exempts de la contribution commune, il sera avisé par les États Généraux aux moyens de leur faire partager avec la Nation les impôts auxquels ils se sont soustraits jusqu'ici. » L'usage des valeurs mobilières était, à ce moment, très peu répandu ; 17 valeurs seulement, dont 14 fonds d'État, étaient cotées à la bourse de Paris et la plupart des délégués des provinces ne considéraient les capitalistes qu'avec méfiance ; tous étaient, pour eux, des spéculateurs et des usuriers.

Malgré ces vœux des assemblées locales, les députés sentirent le besoin d'affirmer solennellement leur sollicitude pour les rentiers. Car ils allaient avoir besoin d'argent. Le 23 juin, la Déclaration royale confirme le décret du 17.

Au début de juillet, on propose de créer cent millions de billets d'État avec lesquels on payera les arrérages. C'est pour l'Assemblée une nouvelle occasion de déclarer « que la Dette publique ayant été mise sous la garde de la loyauté française et la nation ne se refusant pas à en payer les intérêts, personne n'a le droit de prononcer l'infâme mot de banqueroute, ni de manquer à la foi publique, sous quelque forme ou dénomination que ce puisse être. »

Au mois d'août, l'Assemblée veut emprunter d'abord 30 millions, puis, après un premier échec, 80 millions. Le 24 août, elle décide que cette dernière émission sera faite à 5 0/0, avec garantie contre toute retenue. Quelques dé-

putés, soucieux de leur mandat, parlent alors de supprimer
cette garantie, et de s'occuper, au contraire de la création
d'un impôt sur la rente. C'est Mirabeau, qui, dès cette
époque, se fait l'éloquent avocat des créanciers de l'État,
et le défenseur acharné des exemptions dont ils bénéficient,
c'est lui qui répond le 27 août : « L'impôt serait une injustice... Approuver l'emprunt sans consacrer la dette,
sans le mettre à l'abri de toute réduction, de toute atteinte,
c'est semer la défiance chez les capitalistes, c'est leur an-
noncer des intentions hostiles. » La motion fut repoussée,
comme il le demandait, et le nouvel emprunt garanti contre
toute retenue.

La question ne fut posée de nouveau devant l'Assemblée
qu'un an plus tard. Dans l'intervalle la Déclaration des
Droits de l'Homme avait proclamé le principe de l'égalité
fiscale des citoyens : « La contribution commune, nécessaire à l'État, doit être également répartie entre les citoyens
à raison de leurs facultés. » (Art. 13).

Comment dans la pratique, l'Assemblée appliqua-t-elle
ce principe ? Par le vote de la contribution personnelle-
mobilière, atteignant tous les habitants du pays d'après
leurs ressources générales. Le décret-loi du 13 janvier-
1er février 1791 impose, en effet, tous les revenus déterminés par des présomptions légales, fondées sur certains
signes extérieurs de la richesse. En même temps, la Constituante maintenait l'impôt foncier, et créait, à la place
des maîtrises et jurandes, une taxe sur le commerce et
'industrie. Tous les revenus furent donc imposés, « ceux

de la terre par la contribution foncière, ceux des capitaux par la contribution mobilière, ceux de l'industrie par les patentes » (1).

L'Assemblée Constituante ne pouvait donc accepter un impôt supplémentaire frappant directement la rente. Aussi repoussa-t-elle nettement un projet en ce sens à la fin de 1790. Nous croyons devoir nous étendre sur cet incident parlementaire, car il se reproduira fréquemment jusqu'à nos jours et presque dans les mêmes termes.

Pendant l'élaboration du projet sur l'impôt personnel et mobilier, confiée au comité dit « de l'Imposition » dont le président était Rœderer, un député du Tiers-État de Bazas, Lavenue, demanda au comité ce qu'il pensait de l'imposition des rentes, et déposa une motion tendant à frapper spécialement les arrérages de la Dette (27 octobre 1790). Le président ayant rédigé lui-même un rapport sur la motion, vint le lire à la tribune le 3 décembre, et une discussion approfondie s'engagea ; elle dura deux séances (3 et 4 décembre 1790).

Le rapporteur conclut d'abord au rejet de la proposition, rejet qu'il motive ainsi : « Lorsqu'on propose d'imposer les rentes, c'est, en des termes plus simples, nous proposer une retenue, car si l'on avait voulu imposer le rentier, il ne fallait pas demander l'avis du comité ; il vous a, en effet, répété plus d'une fois qu'il ne connaissait pas d'autre moyen de le faire payer, que d'établir un impôt à raison

(1) Mignet. *Portraits et notices*, t. I, p. 107. (Éloge du comte Rœderer.)

des facultés mobilières. C'est donc une retenue que l'on veut. Eh bien ! le comité a unanimement pensé qu'il n'y avait pas lieu de délibérer sur cette proposition ou qu'on ne devait délibérer que pour la rejeter... L'immunité d'impôt ayant fait partie de la convention passée entre l'État et les particuliers, toute imposition sur la rente serait une violation des engagements de la Nation... Le moment approche où la constitution affermie, la paix rétablie, et la force publique organisée, peuvent ramener le crédit; alors vous pourrez, par des transactions libres, réduire les intérêts de nos emprunts, mais pour assurer cette abondante récolte, vous vous refuserez au grapillage (1) que l'on vous propose... Il faut donc au contraire manifester à nouveau votre respect pour les engagements nationaux, et rejeter avec une indignation civique une proposition qui tendrait à réduire sans retour la confiance des créanciers de l'État » (2).

Toute la gauche de l'Assemblée était opposée au projet de Lavenue. Elle commença par demander la question préalable : « Si la discussion s'engageait sur le fond, dit Dupont, vous porteriez un grand coup à votre crédit... Pour gagner 22 millions, vous vous priveriez de toutes ressources. Qui voudra nous fournir de l'argent, si nous donnons un exemple de mauvaise foi, et si dans

---

(1) Il est curieux de remarquer qu'à cent ans d'intervalle, un autre adversaire de l'impôt dira lui aussi : « Frapper la rente au lieu d'attendre les conversions, c'est manger *votre blé en herbe.* »

(2) *Gazette nationale*, 4 décembre 1790, p. 1358.

cette circonstance importante, revenant contre nos décrets, nous manquons aux engagements que nous avons
contractés. » Et Riquetti l'aîné (ci-devant Mirabeau)
attaque avec violence la motion de Lavenue : « Je ne puis
m'empêcher de témoigner que c'est un grand scandale
pour la Nation et pour l'Europe qu'après trois décrets pro-
clamés dans la situation la plus critique, on ose mettre
en question une semblable motion. Dans un moment où
tout est calme, où les finances présentent des symptômes
de prospérité, dans un moment où le crédit renaît, où
l'argent baisse, où la plus simple industrie d'un ministre
des finances peut décharger la Nation des intérêts onéreux
qu'elle paye, c'est en ce moment que l'on propose de
remettre en question un objet sur lequel votre justice a
prononcé... et vous délibéreriez maintenant sur une telle
proposition ! Je la livre à tout le mépris qu'elle mérite ! »

Cependant la question préalable est repoussée. Lavenue,
aux applaudissements de la droite, défend longuement
son projet. Il s'appuie sur les articles 12 et 13 de la Déclaration des Droits de l'Homme et fait une distinction fondamentale entre la retenue, ou réduction illégale, et l'impôt :
« Entendons-nous, s'écrie-t-il. Par ces mots : aucune retenue, l'Assemblée a-t-elle voulu dire, le 17 juin et le
27 août 1789, aucune imposition? Non, vous avez aboli à
jamais tout privilège en matière de subside ; l'exemption
d'imposition est un privilège, donc vous n'avez pas entendu
parler de l'imposition par ces mots : réduction ou retenue. Réduire ou retenir, c'est autre chose qu'imposer. Une

retenue soit du capital, soit des intérêts, est une opération injuste et vexatoire. » On ne pourrait mieux démontrer aujourd'hui l'erreur de ceux qui ont vu dans les termes de la loi de l'an VI, une promesse d'immunité absolue.

Lavenue lit enfin son projet de décret. Mais il est peu soutenu, un seul député vient l'appuyer à la tribune : « Je suis chargé par mes commettants, dit-il, de demander que les intérêts de la Dette soient réduits au taux de la loi, et que les rentes soient soumises au même impôt que les biens fonds. »

Barnave décide finalement le vote par une distinction très claire entre l'impôt personnel que l'Assemblée va établir et qui atteindra les rentiers, comme les autres citoyens, et l'impôt réel, qui serait une injustice. « J'avance que je crois que l'on doit imposer les *rentiers*, et non les *rentes*. » Et il appuie son raisonnement en montrant la différence entre la situation du créancier français et du créancier étranger : « Le créancier étranger n'est pas citoyen français, la loi ne protège pas sa personne, donc il ne doit rien. Le créancier national, au contraire, est citoyen français ; sous ce titre, il doit un impôt proportionné à la totalité de sa jouissance, mais la rente ne doit pas payer comme rente, elle doit entrer dans la combinaison de l'imposition personnelle des jouissances de celui qui en est le propriétaire. » Il conclut en proposant le décret suivant : « L'Assemblée Nationale se référant à ses décrets des 17 juin, 27 août, 27 juillet qui consacrent des principes invariables sur la foi publique, et à l'intention qu'elle a toujours manifestée de faire contribuer les créanciers de l'État, *comme citoyens, dans l'impôt personnel,* en proportion de toutes leurs facultés, déclare qu'il n'y a pas lieu à délibérer sur la motion qui lui a été présentée, tendant à établir une imposition particulière sur les rentes dues par l'État. »

Ce texte fut adopté après une discussion assez confuse sur la mise aux voix, et à une grande majorité ; il devint le décret des 4-10 décembre 1790.

Ce que la Constituante a repoussé par ce vote, c'est donc l'imposition particulière de la Dette ; elle jugea que celle-ci était suffisamment frappée par l'impôt mobilier. Si nous transportions la discussion au temps présent, Duport, Barnave et Mirabeau seraient obligés de reconnaître que, depuis la création d'une taxe sur les valeurs mobilières, l'exemption de la rente est devenue un privilège. « Le 20 juin 1872, a dit M. Boulanger (1), le législateur a supprimé le motif principal qui avait déterminé à l'exonération de la rente. » Est-ce suffisant cependant pour dénoncer l'exemption actuelle ? Nous aurons à l'examiner.

Mais, en 1790, les objections au projet de Lavenue étaient pleinement fondées. Soumettre les rentiers à une retenue eût été une mesure inutile, et qui les eût atteints par un régime d'exception.

Ce fut cependant ce que proposa, deux ans après, Cambon, au mois d'août 1793, et cette fois, les principes ne furent pas invoqués ; la Convention ne s'arrêta pas

(1) Discours prononcé, à Montmédy, en novembre 1893.

aux déclarations de la Constituante pourtant très récentes. Cambon avait ainsi expliqué son projet : « Les anciens titres ne figureront sur les nouvelles inscriptions du Grand-Livre récemment fondé que pour leur revenu net (1). Car les capitaux fictifs et retenues du 10e, du 15e, du 20e, édictées par d'anciennes lois et variant avec chaque rente, ne font que rappeler d'anciennes injustices, sans aucune utilité, puisque, lors de la transmission des propriétés, elles ne sont comptées qu'à raison de leur produit net. » Mais aussitôt il réclame lui-même une nouvelle retenue du dixième. « Nous n'ignorons pas que pareille proposition a été rejetée par le Corps Constituant, après une discussion solennelle, ajouta-t-il, nous savons aussi que l'Angleterre l'a toujours écartée. Mais ces exemples n'ont pu nous entraîner. Dans un gouvernement libre qui a pour base l'égalité, toutes les fortunes doivent contribuer aux dépenses publiques ; toutes les propriétés étant garanties par la société, doivent payer le prix de cette protection. » (Rapport lu, le 15 août 1793, à la Convention).

Le projet, adopté sans discussion, devint les articles 111 et 112 de la loi du 24 août 1793.

(1) Voir *supra*, p. 12 : « Il y avait alors la dette constituée résultant des anciennes rentes de l'Hôtel-de-Ville, la dette exigible provenant de la liquidation des offices, jurandes et maîtrises, la dette exigible à termes fixes résultant d'emprunts de la royauté. » (Thiers. *Histoire de la Révolution française.*)

Article 111. — Toute la Dette inscrite au Grand-Livre sera assujettie au principal de la contribution foncière qui sera fixée chaque année par le Corps législatif.

Article 112. — Le payement de cette contribution sera fait par retenue sur les feuilles de payement annuel de la Dette.

On a soutenu que cet impôt, quoique voté, n'avait jamais été perçu, en se fondant sur ce qu'aucun décret n'en fixait le taux : « La loi du 24 août 1793, écrit M. de Parieu (1), paraît n'avoir eu presque aucun effet. Le premier décret que nous ayons trouvé relatif à l'exécution de cette disposition fut celui du 9 mars 1795, qui fixa, pour la troisième année républicaine, le montant de cette contribution foncière, opérée par retenue, au 10e du produit annuel sur les inscriptions consolidées, et sur les intérêts des rentes foncières et perpétuelles, et au 20e du produit annuel sur les inscriptions de rentes viagères. Nous n'avons rencontré ni au *Moniteur*, ni au *Bulletin des Lois* d'indication qui montre que la loi de 1793 ait encore reçu plus tard son exécution. »

En 1793, la contribution fut fixée au cinquième des arrérages, et la quotité resta la même jusqu'à l'an III où on l'abaissa. Donc il y eut bien application de la loi, au moins au début.

Les rentes viagères n'étaient pas visées dans le projet de Cambon. Le 23 floréal an II, on crée pour elles un

(1) De Parieu, *Traité des impôts*, t. I, liv. III, p. 381.

Grand-Livre spécial, semblable à celui de la Dette perpétuelle et on les impose en même temps d'une retenue du
dixième.

A cette date, et depuis plusieurs années déjà, l'État
payait ses créanciers en assignats, bons territoriaux émis
au début en quantité moyenne, comme représentation des
biens confisqués par l'État, et qui devaient être remboursés à la vente de ces biens. Le gouvernement trouva facile
de se procurer des ressources en les multipliant, et à partir
de 1792, il en résulta une baisse très rapide de leur
valeur réelle. En l'an II, celle-ci était de 35 0/0 du montant
nominal. En janvier 1795, elle tombait à 1 0/0, et en 1796,
à 0,40 0/0 !

On juge de la détresse des rentiers, contraints de recevoir ces papiers sans valeur. Tant qu'on refusa de les dé-
dommager, ils assiégèrent de leurs plaintes les pouvoirs
publics. On finit par augmenter proportionnellement la
valeur nominale des assignats délivrés en payement des
arrérages et l'on supprima peu à peu les impôts établis.
Enfin, pendant toute la seconde partie de la Convention,
on en vint à leur faire des distributions de pain et de
viande (1).

_____

(1) M. L. Say, rappelle dans la *Revue politique et parlementaire,*
juin 1895, p. 407, ce tableau de l'extrême misère des rentiers. « Les
uns ont été forcés de vendre leurs effets et même leurs vêtements,
les autres sont réduits à la triste nécessité de servir après avoir été
servis. Ceux-là n'ont pu survivre à leurs souffrances qui les ont en-
levés avant le terme ordinaire. Hélas, combien qui, réduits au dé-
sespoir, y ont eux-mêmes mis fin ! Ici une mère désolée de ne pou-

Cambon lui-même propose, le 19 ventôse an III, une réduction de la taxe de 1793 ; il ne retient plus que le 10ᵉ ou le 20ᵉ, suivant la nature de la rente.

Évidemment le terme de cette situation critique ne pouvait être qu'une faillite générale. On la prévoyait, dans les Conseils, à partir de l'an V ; on s'apprêtait à abolir à la fois une partie des dettes de l'État et de celles des particuliers.

Ainsi, après la fin des assignats, remboursés en partie pour le 30ᵉ de leur valeur par d'autres bons, dits mandats territoriaux, les rentiers furent payés à raison d'un quart en numéraire et trois quarts en bons sans valeur (1).

Malgré les protestations de Dupont de Nemours (2), le Directoire était décidé à achever la mesure en supprimant complètement une partie du capital. Après le coup d'État du 18 fructidor, Villiers, qui dirigeait le Trésor public, proposa, au nom de la commission, ce qu'il appelait « la restauration des finances ». Il demanda le remboursement, en bons échangeables contre des biens nationaux, des deux tiers du capital de la Dette. L'autre tiers des inscriptions serait seul conservé au Grand-Livre. La majorité

voir, dans l'affreuse misère où elle se trouve, procurer les premières nécessités à un citoyen qu'elle vient de donner à la patrie. Là, ce vieillard dévoré par la faim, se cachant pour tendre une main suppliante et implorer la pitié par ce cri lamentable : « C'est un rentier qui vous demande du pain ! »

(1) Loi du 5ᵉ jour complémentaire de l'an IV.

(2) « On a banni le mot infâme de banqueroute, s'écria-t-il ; et la chose n'en a-t-on plus peur ? »

des Cinq-Cents et du Conseil des Anciens (1) ne mit aucun obstacle à cette proposition brutale qui devint, nous l'avons vu, l'article 98 de la loi du 9 vendémiaire de l'an VI.

Mais on garantissait le tiers consolidé contre toute retenue, c'est-à-dire contre toute mesure pouvant frapper les rentes d'un impôt plus lourd que les autres revenus des citoyens.

Comme l'inscription de cinq francs de rente était tombée à *six francs quinze centimes,* dans les derniers mois de 1797, le Directoire s'empressa de voter la suppression de toutes les autres taxes. Le 13 brumaire an VII, il abolit le droit de timbre perçu sur les inscriptions. Le 22 frimaire de la même année, les droits d'enregistrement sur les mutations et transmissions de propriété, même celui qui avait été augmenté par la loi du 9 vendémiaire an VI, sont supprimés (2). Enfin, le 28 floréal, on décide que les certificats de vie nécessaires aux titulaires de rentes viagères seront délivrés gratuitement.

---

(1) Rien n'égale, du reste, le cynisme des auteurs de cette banqueroute. Un nommé Favre vint déclarer aux Cinq-Cents, le 15 septembre 1797 : « Le projet de la commission améliore beaucoup le sort des rentiers. Ils ne recevaient que le quart de leurs inscriptions... Ils vont recevoir le tiers sans retenue. » De même, le rapporteur du projet devant le conseil des Anciens, Cretat, s'étonne de l'imprudence des ministres antérieurs « qui ont promis le remboursement intégral ».

(2) Art. 70, p. 3 : « Seront exempts de la formalité de l'enregistrement... 3° Les inscriptions sur le Grand-Livre de la Dette publique, leurs transferts et mutations, les quittances des intérêts qui en sont payés et tous les effets de la Dette publique inscrits ou à inscrire. »

A partir de l'an VII, la situation se trouve donc très simple. Aucun impôt, soit direct, soit indirect, en dehors de la contribution personnelle-mobilière, ne porte sur les fonds d'État.

Cette immunité s'est-elle maintenue jusqu'ici ? Quelles ont été les tentatives faites pour la détruire ?

L'historique de notre question au XIXᵉ siècle, va le montrer.

### C. — Dix-neuvième siècle.

L'introduction du gouvernement parlementaire en France à partir de 1816, permit aux adversaires de l'exemption de nos fonds publics de multiplier les attaques contre ce privilège. Plus nous nous rapprocherons de l'époque actuelle, plus ces adversaires seront nombreux.

Nous devons étudier d'abord celles de leurs propositions qui ont abouti à des lois frappant indirectement la Dette, puis celles qui, tout en maintenant notre système d'impôts directs, veulent y ajouter une taxe sur les valeurs mobilières, ou demandent, depuis 1872, l'extension de cette taxe aux arrérages des fonds publics ; enfin nous rappellerons les projets qui proposent le remplacement de quelques-unes des taxes actuelles par un impôt général, frappant globalement le revenu de chaque contribuable, ou séparément chaque branche des revenus.

### I. — *Restrictions apportées à l'immunité des rentes.*

Trois lois ont frappé, depuis l'an VII, l'ensemble de la Dette publique ; elles n'établissent, il est vrai, que des taxes indirectes qui sont un fardeau assez léger pour les créanciers de l'État. Une quatrième loi atteignait les rentes immobilisées, catégorie d'inscriptions qui a aujourd'hui disparu.

1° Pendant la Restauration, on dut faire de fréquents appels au crédit public, et aucun ministre ne voulut nuire par des impôts aux emprunts nécessaires. Il en fut de même sous le gouvernement de Louis-Philippe. Le respect des engagements du Trésor fut même tel qu'on refusa à plusieurs reprises d'opérer une conversion.

Sur deux points de détail seulement, le Parlement a consenti à taxer les fonds publics.

Un décret du 1er mars 1808 permettait d'immobiliser des rentes sur l'État pour la création des majorats, fonds qui devaient se transmettre par ordre de primogéniture en même temps qu'un titre nobiliaire. Napoléon voulait ainsi assurer l'opulence de la noblesse qu'il avait créée. Sous Louis-Philippe, on était devenu beaucoup moins favorable à ces majorats, qui constituaient une exception fâcheuse aux principes fondamentaux du Code civil en matière de succession.

Pour diminuer les effets du décret de 1808, la loi du 18 juin 1831 assimila les rentes immobilisées aux fonds

de terre et les soumit à l'impôt foncier. Le ministre cons-
tata que cette mesure avait suffi à empêcher toute nouvelle immobilisation. En 1835, toute constitution de majorat fut interdite, et, en 1849, on limita à deux dévolu-
tions la durée de ceux qui avaient été accordés précédemment.

2° La loi du 18 juillet 1836 ne traite également qu'un
point de détail. De nombreuses donations entre vifs
étaient entachées de fraudes, grâce à l'exemption de la
rente. Un père de famille, voulant doter un de ses enfants,
au lieu de lui donner une valeur mobilière quelconque,
achetait de la rente peu de temps avant le mariage et, ce
jour arrivé, faisait opérer le transfert, pour lequel il ne
payait alors aucun droit d'enregistrement. Les hommes de
finances s'élevaient contre cet abus : « Il suffit que les
ventes et transferts à titre onéreux soient exempts de
droits d'enregistrement. Hors de là, la transmission des
rentes doit en être passible. Celui qui augmente sa fortune par des dons, des legs, des successions en rentes
sur l'État, ne doit pas moins à la société que celui qui
l'augmente par d'autres biens et les lois constitutionnelles
veulent expressément que tous les Français contribuent
indistinctement aux charges de l'État, dans la proportion
de leur fortune ». (Dictionnaire de l'Enregistrement. Successions, p. 46). A cette époque on déduisait en effet des
successions les titres de rentes qui en faisaient partie.

De là la proposition du ministre des finances, d'Argout,
qui repoussa, du reste, toute idée de vouloir attaquer

l'immunité. En fait, elle se trouvait cependant entamée. « Le Gouvernement, dit-il devant la Chambre, considère comme une condition fondamentale au crédit public, le respect religieux pour tous ses engagements et l'on y place d'abord les privilèges conférés aux rentes (1). »

Cette déclaration coupait court à toute opposition parlementaire, et le projet devint l'article 6 de la loi du 18 juillet : « A compter du 1er janvier 1837, les donations entre-vifs de rentes sur l'Etat ne seront exemptes du droit proportionnel d'enregistrement, en vertu de l'article 70 de la loi du 22 frimaire, an VII, qu'autant que l'inscription de la rente donnée existera sous le nom du donateur, ou de celui auquel il aura succédé, depuis plus d'un an, et que l'acte de donation en indiquera le numéro, la date et le montant. »

3° A la fin du règne de Louis-Philippe un amendement de M. de Beaumont au budget de 1848, demandait que la mesure prise fût généralisée, et les rentes assujetties, dans tous les cas de transmissions à titre gratuit, aux droits de mutation. M. Lacave-Laplagne, ministre des finances, repoussa vivement l'amendement (2), que M. de Beaumont finit par retirer.

L'Assemblée Nationale, après la Révolution de 1848, fut saisie de nombreuses propositions tendant à une semblable réforme des impôts directs. Plusieurs demandaient que

---

(1) *Moniteur*, 1836, p. 1584.
(2) Voir sa déclaration, p. 33.

les droits de mutation fussent exigés des rentiers dans
toutes les donations ou successions. Ce sont celles de
M. Passy déposées, au nom du gouvernement, le 9 août
1849 et reprises le 14 novembre de la même année par
M. Fould, alors ministre des finances. « Il est permis de
penser, disait l'exposé des motifs de cette dernière proposition, que la faveur accordée aux rentiers par la loi de
l'an VI, ne s'appliquait pas aux actes relatifs aux transferts
ou aux mutations sur le Grand-Livre de la Dette, et que
l'extension en a été exagérée. » Le rapporteur, M. Gouin,
conclut dans le même sens et ajouta que « c'était simplement l'égalité de toutes les valeurs mobilières et de tous
les contribuables devant la loi qu'on allait rétablir en matière de successions » (1).

De là l'article 7 de la loi du 18 mai 1850 :
« Les mutations par décès et transmissions entre-vifs à
titre gratuit d'inscriptions sur le Grand-Livre de la Dette
publique, sont soumises aux droits établis pour les successions et les donations. Le capital servant à la liquidation
du droit d'enregistrement sera déterminé par le cours
moyen de la bourse au jour de la transmission. »

La loi du 8 juillet 1852 complète la précédente en assurant son application effective ; elle décide « qu'aucun transfert, ni aucune mutation de rente dont le titulaire serait
décédé ou déclaré absent, ne sera faite par le ministre des
Finances avant que les intéressés aient fourni un certi-

(1) Rapport présenté à l'Assemblée Nationale, le 8 mars 1850.

ficat constatant l'acquittement des droits établis en 1850. »
(En pratique, on se contente, du reste, d'un certificat constatant la déclaration des rentes parmi l'actif de la succession).

4° Enfin on a créé, ou mieux transformé récemment,
un impôt sur les opérations de bourse qui existait en réalité depuis 1862.

Une loi du 2 juillet 1862 assujettissait, en effet, à un
droit de timbre proportionnel les bordereaux des agents
de change et des courtiers. Mais le monopole des agents
de change était loin d'être reconnu en fait, et beaucoup
de négociations échappaient à l'impôt. La première année
on avait escompté une recette de deux millions, et le
Trésor ne put encaisser que 700.000 francs.

Il fallait donc réglementer la perception de cet impôt
et y astreindre, autant que possible, les opérations de la
coulisse comme celles du parquet. La réforme de l'impôt
paraissait liée à celle du marché.

Quelques lois furent votées modifiant légèrement la
taxe de 1862 (notamment la loi du 2 juillet 1892). Et
plusieurs propositions furent présentées aux Chambres.
En 1874, M. de Lorgeril veut taxer fortement les opérations à terme « pour arrêter les envahissements de
l'agiotage et empêcher les jeux ou paris sur les cours des
effets publics ».

En 1882, M. Bozérian demande que le droit existant
soit converti en un abonnement de 0,05 centimes par

cent francs sur toute opération (1); la commission du budget rejette le projet « comme nuisant à la spéculation et au développement de la place de Paris ».

Une autre proposition de M. Goblet, en 1889, n'échoue qu'à une faible majorité.

En 1891, la commission du budget introduit dans la loi de finances un système nouveau, qui n'est pas adopté. Enfin, en 1893, la Chambre étant saisie d'amendements de MM. des Rotours et Jourde sur cette question, le ministre des finances estima le moment venu d'accomplir la réforme demandée, d'autant plus que, cette même année, les droits sur les boissons dites hygiéniques étant réduits, le budget se trouvait en déficit.

Toutes les opérations de vente ou d'achat, au comptant ou à terme, furent astreintes à payer un droit de cinq centimes par mille francs ou fractions de mille francs. Aucune exemption spéciale ne fut stipulée pour les rentes françaises (loi du 28 avril 1893, art. 28 à 35). « Cette disposition atteint donc toutes opérations relatives aux titres..... notamment la négociation à la bourse et en banque des fonds d'État français, rentes, bons du Trésor, promesses d'inscriptions de rentes (2). »

Mais deux ans après, le ministre des finances constatait que cette loi avait « réduit le marché à terme des fonds d'État

---

(1) *Journal Officiel*. Doc. parl. 1882. Annexes, p. 2218.

(2) Instruction de l'administration des Contributions indirectes, 30 mai 1893, n° 2840.

français à l'état d'anémie et obtenait des Chambres une diminution des trois quarts du droit au profit des négociations effectuées sur les rentes françaises (1). Le droit n'est plus que de 0.0125 pour mille francs ou fraction de mille francs. Les opérations de report ne payent que la moitié.

C'est là une très faible charge pour les créanciers de l'État. Elle ne peut guère atteindre que la spéculation. La loi de 1850 pèse, au contraire, assez lourdement sur les rentiers.

Malgré ces diverses restrictions à l'immunité absolue dont bénéficiaient les arrérages de la Dette publique au début du siècle, ils n'en restent pas moins encore très favorisés. Ils échappent en effet :

1° A la taxe de 4 0/0 sur le revenu des valeurs mobilières (Loi du 28 juin 1872).

2° Au droit de mutation à titre onéreux (Loi du 22 frimaire, an VII, art. 70).

3° Au droit de timbre créé par la loi du 5 juin 1850.

4° Au droit de transmission applicable aux valeurs mobilières depuis le 23 juin 1857.

5° Aux trois quarts de l'impôt sur les opérations de bourse (Loi du 28 décembre 1895).

6° Au droit de timbre de 10 centimes pour les quittances d'arrérages (Loi du 23 août 1871).

(1) Loi du 28 décembre 1895, art. 8.

Les propositions de loi qui nous restent à citer visent la suppression de ces diverses exemptions.

II. — *Projets de loi sur la taxe des valeurs mobilières.*

Dès les premières années du règne de Louis-Philippe, on chercha à atteindre les valeurs mobilières qui prenaient alors un très grand développement, grâce à la création des chemins de fer et à l'essor de l'industrie.

Cependant, avant 1848, aucun projet ne fut présenté ; mais quand on entra dans la période de crise financière, le gouvernement, par l'intermédiaire de M. Goudchaux, rédigea un projet créant un impôt de répartition sur les revenus mobiliers (1). Le montant de cette taxe devait donner 60 millions. Mais on préférait recourir aux droits de timbre ou d'enregistrement, et M. de Parieu, le 30 septembre 1848, conclut au rejet de cette proposition (2); elle fut retirée le 16 janvier 1849.

Malgré cet échec, MM. Febvrel (20 avril 1850) et Sainte-Beuve (6 janvier 1851) demandent qu'un impôt de quotité soit établi sur toutes les valeurs mobilières, même sur les rentes. De même nature est le projet de M. Morin (10 mai 1851).

(1) *Moniteur* du 24 août 1848.
(2) *Moniteur*. Supplément du 10 octobre 1848, p. 2773.

Sous le second Empire, c'est surtout M. Granier de
Cassagnac qui poursuit l'abrogation du privilège des capitalistes. Dans les séances du Corps législatif du 9 juin 1856
et du 23 mai 1857, défendant des amendements déposés
pendant la discussion du budget, il insistait sur les avantages accordés aux rentes sur l'État : insaisissabilité de
fait et de droit, facilité de réalisation. Rien de plus légitime dès lors, que leur taxation. « Comme créancier, disait-il, le rentier a droit au respect du contrat qu'il a passé
avec l'État ; comme citoyen, il doit être soumis à tous les
devoirs de la communauté. » Au budget de 1863, il repro-
duisait avec un de ses collègues, le même amendement
demandant 5 0/0 du montant annuel des arrérages, dividendes, intérêts, etc. Mais le rapporteur le repoussa
en ces termes (1) : « Appliqué, aux rentes sur
l'État le projet atteint profondément le crédit. Si, depuis la création du Grand-Livre, les gouvernements se
sont étudiés à faire de la rente une valeur privilégiée,
c'est qu'elle est le régulateur des autres valeurs, qui s'élèvent et s'abaissent avec elle. Un tel système retire indirectement à l'État, d'une main, bien plus qu'il ne lui donne
de l'autre. »

Au cours de la discussion publique, M. Magne, ministre
des finances, combattit le projet en invoquant les engagements de l'an VI, et, malgré la défense tenace de M. de
Cassagnac, le Corps législatif refusa de le suivre (2).

(1) Séance du 3 juin 1862.
(2) Séance du 21 juin 1862.

Le prélèvement qu'il demandait ne devait être voté que par l'Assemblée Nationale, quand les événements de 1870-1871 eurent rendu nécessaires beaucoup de nouvelles taxes.

La commission du budget de 1872 se trouva saisie de nombreuses propositions (1) qui se référaient à deux systèmes principaux : ou bien supprimer les impôts actuels et en instituer de nouveaux, à vastes rendements, dont on pourrait élever ou abaisser le taux chaque année, comme l'Angleterre pour son income-tax, ou bien demander aux impôts existants, par des relèvements de tarifs, des recouvrements plus élevés.

Le rapport fait au nom de la commission par M. Casimir-Périer, et déposé le 31 août 1871, concluait à l'établissement d'un impôt sur les revenus par cédules. Le taux était de 3 0/0, sauf pour les pensions et traitements pour lesquels il était abaissé à 2 0/0. Les revenus des valeurs mobilières françaises et étrangères formaient la cédule A. Mais les rentes étaient exemptées. Leur taxation avait cependant trouvé quelques partisans, qui pensaient « que la nation n'a pas été maîtresse d'aliéner, de quelque façon que ce soit, un droit imprescriptible, celui d'imposer des charges à tous ses enfants, de leur demander leur part proportionnelle des sacrifices à faire sur leurs fortunes dans un in-

---

(1) Proposition, de MM. Houssard et L. Passy (21 juin 1881). Flottard (6 mars 1871). Rouveure (3 juillet et 1er août 1871). Pierre Lefranc (27 juillet). Amat (26 août). Langlois (5 septembre). Folliet (24 septembre).

térêt public, quelque emploi qu'ils aient fait de cette fortune (1). »

La majorité fut d'un avis opposé; ce n'était pas, en effet, au moment où l'on allait demander au crédit public près de six milliards, qu'on pouvait risquer de lui porter un coup aussi sensible. En outre, M. Casimir-Périer ajoutait : « Si la rente ne peut être l'objet d'une taxation spéciale, ce n'est pas seulement à cause de la loi de vendémiaire an VI, c'est aussi parce que cet engagement résulte de l'essence même du contrat entre le débiteur et le créancier (2). »

La discussion publique s'ouvrit le 19 décembre 1871 ; plusieurs députés, notamment M. H. Germain, vinrent demander l'impôt sur la rente. Mais la majorité de l'Assemblée ne les suivit pas et se prononça même contre l'impôt sur les revenus, et pour le maintien des taxes directes déjà existantes ; elle ne voulut pas courir les risques d'une taxe nouvelle dont on ne pouvait évaluer le rendement avec certitude. Le projet de M. Casimir-Périer fut repoussé.

Il n'en survécut que la taxe de 3 0/0 sur les valeurs mobilières, votée l'année suivante, par la loi du 28 juin 1872. Conformément aux conclusions du rapporteur, elle admet une exemption pour tous les fonds d'État,

---

(1) *J. O.*, 1871, p. 3760.
(2) *J. O.*, 1871, p. 3760.

mais elle frappe les emprunts et obligations des départements, communes et établissements publics.

Il était assez naturel de maintenir, à cette époque, l'immunité de nos rentes, mais la loi de 1872 en soumettant les capitalistes à un second impôt direct qui fait double emploi avec la contribution personnelle-mobilière, a singulièrement étendu le privilège des créanciers de l'État, privilège dont, par la suite, beaucoup d'esprits sensés vont demander la suppression, en réclamant l'application de la loi de 1872 aux arrérages de la Dette publique.

La proposition de Gambetta est la première de ce genre. En 1873, il avait repoussé l'impôt, mais en 1876, nommé président de la commission du budget, il rédigea un projet d'impôt mixte sur le capital et sur le revenu. La Dette était atteinte par l'extension de la loi de 1872 : « En admettant loyalement, disait avec pleine raison l'exposé des motifs, l'impôt actuel, comme une taxe sur tous les revenus mobiliers payés en France, nous nous mettons en dehors de toute objection faite contre le danger de frapper d'une manière spéciale les titres de rente française. »

Ce projet adopté par la Commission du budget (séances du 26-28 octobre 1876) ne fut pas déposé à la Chambre (1). M. Silhol le reprit (30 novembre 1882) en augmentant le taux à 5 0/0, mais sans plus de succès. De même, M. Camille Dreyfus (23 octobre 1886).

---

(1) En 1878, dans son discours de Romans, Gambetta s'éleva de nouveau contre l'impôt sur la rente.

Pendant la cinquième législature, c'est M. Rabier qui se
fait l'interprète d'une partie de la Chambre (7 novembre
1890) en déposant le même projet. Ce député y joignait
une taxe de 5 0/00 atteignant tous les capitaux et devant
remplacer les droits d'enregistrement. Son projet, qui
n'était qu'une simple ébauche, fut renvoyé à la commission de la réforme de l'impôt et n'eut pas de suites.

Enfin, plus récemment (1) M. Gendre entend frapper
à la fois les pensions, les traitements et les rentes :
« Les rentiers, dit-il, dans l'exposé des motifs, n'auraient
aucune raison de se plaindre et de retirer leur argent,
puisqu'il leur produit un intérêt supérieur de 1 0/0 au
moins à celui de l'agriculture. » Cette raison, si tant est
qu'elle soit exacte, parut insuffisante à la Commission
parlementaire de l'impôt sur le revenu qui se prononça
pour un autre système (2).

Depuis 1895, l'attention des Chambres a été appelée
plutôt sur la réforme générale de nos contributions directes
et leur remplacement par un impôt global ou par une taxe
sur les différentes sources de revenus. Il ne s'est reproduit aucune proposition tendant à l'assimilation des rentes
aux autres valeurs mobilières pour le payement de l'impôt
de 4 0/0.

---

(1) Proposition déposée le 27 janvier 1894.
(2) Rapport de M. Cavaignac, déposé le 25 juin 1895.

III. — *Propositions tendant à créer un impôt sur le capital ou sur le revenu, de remplacement ou de superposition.*

Certains économistes ont défendu, avec beaucoup de force et une louable persistance, l'impôt sur le capital. M. de Girardin y voit « une taxe sur la richesse accumulée agrégée, etc. » Son effet serait de « faire circuler le capital qui ne circule pas, de réveiller le capital qui dort, de stimuler celui qui travaille. » « L'impôt sur le capital, ajoute M. Menier dans son livre sur la *Théorie et l'Application de l'impôt sur le capital*, frappe la richesse acquise et non la richesse en formation ; il risque tout au plus de troubler une jouissance active, tandis que l'impôt sur le revenu prélève, le plus souvent, toute la part qui aurait pu être employée à la reproduction pour se convertir en capital fixe. »

De là, les propositions suivantes :

M. Adolphe Cochery demande, le 22 février 1870, que les valeurs mobilières soient frappées à raison de 15 centimes par 100 francs de capital, ce dernier étant évalué d'après le cours moyen de l'année précédente.

M. de Carayon-Latour veut payer une partie de l'indemnité de guerre à l'aide d'une taxe de 2 0/0 sur tous les capitaux. Il estime qu'elle produirait trois milliards (18 mars 1872).

M. Ménier applique les principes qu'il a développés dans l'ouvrage cité plus haut, en demandant qu'une partie des droits existants soient remplacés « par un taux de X.......
pour 1.000 sur la valeur générale des capitaux fixes possédés en France. » La quotité aurait été réglée après une enquête sur le montant total de ces capitaux. M. Planteau réclame la suppression de toutes les contributions directes ainsi que des taxes portant sur la consommation, et leur remplacement par un impôt sur le capital, à taux gradué. Les rentiers seraient astreints à une déclaration (20 mars 1888).

M. Bisseuil demande la même chose, le 11 juillet 1882, mais seuls, d'après lui, les droits sur les boissons et la contribution des propriétés non bâties devront être supprimés. M. Chavoix se montre aussi un partisan résolu de l'impôt sur le capital. Il voudrait que l'on supprimât les contributions directes et qu'on les remplaçât dans le budget par une taxe de 3 francs par mille francs de capital tant mobilier qu'immobilier. Le rendement de cet impôt serait, à son avis, suffisant pourremplacer [tous les impôts directs. (Projet du 29 mars 1888 reproduit le 5 mars 1894).

M. Linard se déclare favorable à la même réforme (18 janvier 1890 et 28 mai 1896), mais il accorde un taux de faveur à la Dette publique : « Nous voulons avoir une certaine tolérance envers les rentes sur l'État, et nous proposons de n'imposer les capitaux qui les constituent qu'à 1.20 0/0 de leur valeur. » (Les autres devaient payer 2 et 3 0/0.)

Aucune de ces nombreuses propositions n'aboutit. Les inconvénients graves de cette nature d'imposition sont, en effet, certains : elle conduirait à des inquisitions que le contribuable français ne supporterait que difficilement. Il faudrait découvrir le capital non productif de revenu. De plus, cette taxe laisserait indemnes les bénéfices souvent considérables que l'on peut obtenir avec un capital minime. Enfin, et c'est la principale objection, elle blesse l'équité car les capitalistes seuls la supporteraient, et, si l'on entendait demander à ceux-ci toutes les ressources nécessaires à l'Etat, en exemptant totalement les salariés de toutes catégories qui n'ont aucune fortune acquise, on arriverait à une injustice évidente.

C'est donc surtout le *revenu* des citoyens que l'on a voulu prendre comme base de la réforme, soit en le frappant dans sa totalité, sur une déclaration du contribuable, ou d'après un chiffre fixé sur des signes extérieurs permettant une présomption suffisamment exacte, soit en demandant à chaque nature de revenus une contribution, assise différemment, souvent même d'une quotité inégale. Dans le premier cas, on vise un impôt personnel sur le *revenu*, dans le second, une taxe sur les *revenus*. Au point de vue spécial de l'impôt sur la rente, on doit assimiler ces deux formes d'imposition. L'impôt global sur le revenu aboutit à la taxation des fonds publics, puisqu'on n'établit aucune différence entre les sources de revenus ; si nulle retenue n'est opérée au moment du payement des arrérages, aucune déduction n'est faite au rentier

c. — 6

qui payera 3 0/0 de son revenu. Cette théorie rencontre des adversaires qui déclarent, par exemple, que « rien n'est plus différent d'un impôt sur la rente qu'un impôt général sur le revenu. » Si l'on voulait assimiler ces deux impôts, il faudrait, d'après eux, en conclure que la contribution mobilière, actuellement existante en France, est aussi une taxe sur les rentes, ce qui n'est jamais, disent-ils, venu à l'esprit de personne. Cependant la contribution mobilière, impôt global sur le revenu, perçue d'après des présomptions légales et des signes extérieurs choisis comme indices les plus probants de la fortune du contribuable, frappe aussi bien le rentier que l'agriculteur ou le commerçant. C'est donc un impôt sur la rente. Nous avons vu d'ailleurs que telle avait été l'intention formelle des créateurs de cet impôt en 1790.

Il en est de même de l'impôt sur les revenus. Mais, dans ce système, on atteint le revenu lui-même, on va le chercher à son origine, et l'on demande le payement de l'impôt, non pas aux rentiers, mais aux rentes elles-mêmes. La retenue est le mode de perception qui est alors choisi.

Nous avons, par suite, à citer ici les propositions d'impôt général sur les revenus et sur le revenu.

Dès la chute du premier Empire, on commença à demander aux Chambres de remplacer nos impôts directs par une taxe de ce genre. L'exemple de l'income-tax d'Angleterre et de ses merveilleux effets, incitait bien justement les députés à entrer dans cette voie.

Une proposition du 25 mars 1816 montre combien le

recouvrement de cet impôt serait facile, grâce aux Grands-Livres.

Sous la Deuxième République, le ministre des finances proposa en 1849, de demander 1 0/0 à tous les revenus (1). Mais ce projet fut bientôt retiré. L'année précédente, Proudhon avait déposé un projet tendant à imposer de 30 0/0 certains revenus. On devait notamment retenir aux créanciers de l'État presque un tiers des arrérages. Discuté longuement par l'Assemblée, surtout au point de vue politique, ce projet ne réunit que deux voix (celles de Proudhon et de Greppo). Peu après, le même sort fut réservé à la réforme de M. Lempereur (11 septembre 1848), bien que le taux fût notablement moins exagéré.

A la fin du règne de Napoléon III, tandis que M. Laroche-Joubert propose l'établissement d'un impôt global sur le revenu (10 mars 1870), M. du Miral veut percevoir sur les arrérages de la Dette une retenue qui irait en augmentant chaque année de 2 1/2 à 5 0/0 ; en même temps, les autres sources de richesses seraient atteintes dans la même proportion (2 juin 1870).

La Révolution du 4 Septembre empêcha la discussion de ces projets.

Nous avons dit (2) que M. Casimir-Périer s'était décidé en faveur d'un impôt sur les revenus, dans son rapport du 31 août 1871, mais qu'il ne frappait pas les rentes.

(1) *Moniteur* du 14 août 1849.
(2) *Supra*, p. 75.

En 1881, on voit reparaître des propositions semblables. M. Marion dépose un premier projet, le 5 décembre 1881, frappant tous les revenus à titre extraordinaire. La quotité, de 0,50 0/0 pour les premiers 2.000 francs s'élève ensuite de 0,25 par 1.000 francs jusqu'à un total de 3.000 francs. Seuls les revenus fonciers et le salaire des ouvriers et des domestiques sont exempts. Le 15 décembre 1883, le même député demande le remplacement des droits indirects par cet impôt sur les revenus.

Ces deux projets ainsi que ceux de M. Silhol (1), de M. Leydet (30 juillet 1883) et plusieurs autres ne frappant pas les rentes, furent renvoyés à une commission présidée par M. Balluc. Ce député, fervent partisan de notre impôt, avait cependant évité d'en demander la création dans une de ses propositions antérieures, pour faciliter la conversion. Cette opération terminée, rien ne s'opposant plus à la réalisation de ses idées, il rédigea au nom de la commission qui depuis a porté son nom, un rapport en date du 25 février 1884, où il faisait remarquer l'injustice de l'immunité de la Dette et concluait à l'opportunité d'un impôt sur les revenus. L'article 13 portait : « Il est créé sur les arrérages des créances sur l'État une taxe de 3 0/0. » Mais, comme trop souvent, la fin de la législature arriva sans que ce projet, très étudié cependant, pût venir en discussion.

Il en fut de même en 1888, pour un projet de M. Peytral,

---

(1) Voir p. 77.

ministre des finances, qui voulait atteindre les contribuables au moyen de la déclaration de leurs revenus. L'article 24 du projet établissait « une retenue sur les intérêts, etc....... payés par les caisses et agents de l'État. »

On put croire, un moment, que la législature suivante allait aboutir à une solution (1889-1893). Dès le début, M. Laur reprit le projet Peytral. M. Linard et M. Chavoix demandaient l'impôt sur le capital (1), M. Rabier l'extension de la loi de 1872 (2). Enfin M. Maujan entendait atteindre à la fois le capital et les revenus par une taxe progressive. La réforme qu'il proposait, s'étendait à tout le budget dont les recettes n'auraient plus été composées que : 1° Des impôts choisis parmi les moins impopulaires ; 2° Des droits gradués sur les successions ; 3° Du produit du monopole de l'alcool ; 4° De la taxe mixte sur le capital et les revenus. Cette dernière prenait aux rentiers 3 0/0 de leurs arrérages, qualifiés « revenus spontanés permanents ».

Pour examiner tous ces projets, la Chambre nomma une Commission dite « de la réforme générale de l'impôt ». Un de ses membres fut chargé de présenter un projet définitif à la Chambre, c'est celui du 9 juillet 1892, rédigé par M. Merlou. Les caractères généraux en sont empruntés à la proposition Maujan ; il préconise un impôt de quotité dégressif, frappant à la fois le capital et son revenu. Les

(1) Voir p. 80.
(2) Voir p. 78.

rentes françaises, dont M. Merlou discute la taxation assez longuement, ne sont pas exemptées (art. 2, p. 17). Mais cette proposition ne vint pas en discussion (1).

Son auteur la reproduisit d'abord le 5 mars 1894, puis le 19 mars 1896, devant la nouvelle Chambre.

La suppression de la contribution des portes et fenêtres, votée en principe par la Chambre des Députés (1892) permettait d'espérer que le Parlement se rallierait, pour la remplacer, à l'un des projets qui lui étaient présentés. De là leur nombre. Nous avons cité ceux de MM. Chavoix et Linard (2); de M. Gendre (3); ceux de M. Merlou, dont le premier était appuyé par 76 de ses collègues, viennent d'être étudiés. Le 5 mai 1894, M. Goblet reprenait le projet de M. Casimir-Périer, mais en comprenant dans la cédule des revenus mobiliers tous les fonds d'État. L'auteur de la proposition partageait l'opinion de la minorité de la commission de 1871, qu'il rappelait dans l'exposé des motifs : « La nation n'a pu aliéner, disait-il, son droit imprescriptible d'imposer. »

Toutes ces réformes furent longuement discutées à propos du vote de la loi des Contributions directes (9-12 juillet 1894). Les divers systèmes d'impôts furent successi-

(1) Voir le rapport de M. Merlou, du 10 mars 1899. *J. O.* Doc. ann. 1899, p. 904.

(2) Voir p. 80.

(3) Voir p. 78.

vement exposés et chaleureusement défendus, et la Chambre se trouva saisie de nombreux contre-projets. Le premier, en faveur de l'impôt global et progressif, fut repoussé à une forte majorité. Le second, qui introduisait aussi un impôt général sur le revenu, mais sans progression, ne fut écarté que par 267 voix contre 236. Finalement on adopta un projet de résolution, émanant de MM. Codet, de la Batut et Babaud-Lacroze, ainsi conçu : « La Chambre, résolue à poursuivre l'organisation de l'impôt *sur les revenus*, invite le gouvernement à déposer, dans le plus bref délai possible, les projets de réforme dont il a entrepris l'étude. »

Dans la même séance, la Chambre nomma une commission de la réforme de l'impôt. De son côté, le ministre venait également de constituer, conformément au désir de la Commission du budget, une Commission extra-parlementaire de l'impôt (1) composée de membres du Parlement, d'économistes, tels que MM. Kergall, Neymarck et de professeurs de droit. Cette dernière discuta longuement la question des rentes. Le 28 novembre 1894, elle repoussa leur taxation, mais quelques jours après, la Commission se trouvant au complet, une majorité d'une voix se prononça en sens contraire. Le rapport général de M. Coste conclut donc : « Il n'est pas douteux que l'Etat ait le droit d'atteindre la rente par le moyen d'un impôt sur le revenu global ; le capitaliste porteur de rentes sera

_____

(1) Décret du 16 juin 1894.

taxé sur ses rentes comme les autres citoyens sur leurs divers revenus. »

Ceux des membres de la Commission qui avaient repoussé l'impôt en invoquant surtout des motifs économiques, voulurent au moins que la perte résultant de la taxation ne fût pas supportée seulement par les porteurs actuels ; M. Neymarck demanda l'exemption des rentes existantes, M. Kergall la promesse que les surtaxes de l'impôt sur les valeurs mobilières, ne seraient pas étendues aux arrérages de la Dette ; M. Coste aurait désiré que l'immunité fût conservée aux titres nominatifs jusqu'à leur première transmission de propriété. Tous ces vœux furent repoussés ; la Commission admit seulement la motion ci-après de M. le sénateur Boulanger : « Le taux d'imposition supporté par les valeurs mobilières ne sera appliqué aux arrérages des rentes sur l'État français que pour une proportion à déterminer, pendant un certain nombre d'années. »

En dehors de ce point particulier, la Commission extra-parlementaire concluait à un impôt sur les revenus formant plusieurs cédules atteintes avec discrimination. Le projet qu'elle vota se rapprochait donc beaucoup de l'income-tax.

A la Chambre des députés, M. Cavaignac avait été chargé du rapport à déposer au nom de la Commission de réforme fiscale. Le 25 juin 1895, il présentait un projet d'impôt personnel et progressif sur le revenu. Une déclaration était imposée au contribuable, le revenu provenait de trois sources différentes : le capital, le capital et le travail, le travail seul. Le taux, qui variait avec la source du revenu, allait de 0 fr. 25 à 8 0/0 pour les intérêts des capitaux entre 3.000 et 500.000 francs par an.

Mais la Chambre, qui avait repoussé l'année précédente le principe de l'impôt progressif, ne pouvait se déjuger à si peu d'intervalle. Le projet de M. Cavaignac ne vint même pas en discussion.

Sur ces entrefaites, un partisan convaincu de l'impôt personnel devint ministre des finances. M. Doumer s'empressa d'introduire dans le projet de budget de 1897, déposé le 1er février 1896, un impôt global sur le revenu qui lui apparaissait « comme le véritable moyen de proportionner le poids de l'impôt aux facultés réelles des citoyens. » L'exposé des motifs qu'il avait rédigé, faisait allusion dans les termes suivants au revenu des fonds d'État : « Les rentes et autres valeurs du Trésor constituent une partie importante de la richesse publique, et l'on ne saurait en faire abstraction si l'on veut arriver à déterminer avec exactitude le revenu total de chaque citoyen. Tout le monde s'accorde à reconnaître que, si l'imposition des fonds d'État, et particulièrement de la rente française, présente de graves difficultés dans le système des impôts réels, elle ne soulève aucune objection dans le système des impôts personnels. » Mais si, sur ce point, on ne peut faire aucun grief aux taxes globales, elles parurent à la Commission du budget présenter beaucoup d'autres inconvénients ; la réforme de M. Doumer fut repoussée par 29 membres sur 33, et la Chambre ne fut pas appelée à statuer elle-même, car M. Doumer fut remplacé, avant toute discussion, par M. Cochery qui fit insérer, dans la déclaration du gouvernement, l'assurance qu'un nouveau projet allait être présenté.

En effet, dès le 4 juin 1896, une seconde loi de finances était rédigée ; cette fois, on remplaçait la contribution personnelle-mobilière et celle des portes et fenêtres par un impôt sur les revenus conforme au vote de la Chambre des Députés du 12 juillet 1894. Bien que le rapporteur l'ait contesté pendant la discussion (1), M. Cochery avait emprunté à *l'income-tax* les bases de son nouveau système. Il s'était à peu près conformé, en effet, aux conclusions de la Commission extraparlementaire de 1894, qui n'avait pas caché ses emprunts à la législation anglaise.

Les revenus étaient répartis en cinq cédules : propriétés bâties, propriétés non bâties, capitaux mobiliers, revenus professionnels, taxe d'habitation, sous les lettres A, B, C, D, E. Les trois premières cédules étaient frappées de même, à raison de 4,50 0/0 des revenus.

La cédule C comprenait les fonds d'État, aussi bien français qu'étrangers. L'exposé des motifs déclarait sur ce point : « L'établissement d'un impôt sur la rente a été cri-

---

(1) « Ni M. le Ministre des finances, ni la Commission du budget n'entendent se borner à habiller nos impôts à la prussienne ou à l'anglaise... Le projet que nous vous présentons est bien français. C'est des principes de la Révolution française qu'il se réclame. » Discours de M. Krantz, rapporteur, le 2 juillet 1896 : *J. O.*, séance du 2 juillet, p. 1157.

tiqué. Nous n'entrerons pas ici dans une controverse.
Nous appliquons seulement à tous les revenus la taxe uni-
forme de 4,50 0/0. La question est indiscutable : il n'y a
pas d'engagements contraires. »

Ce fut aussi l'avis de la Commission du budget, qui, parmi
de nombreuses propositions (1), choisit celle du gouvernement. La discussion générale s'ouvrit à la fin de juin et
dura jusqu'au 4 juillet. Les nombreux orateurs qui se
succédèrent à la tribune, traitèrent surtout de la taxation
des fonds publics.

En fait, aucun argument sérieux ne s'opposait alors à
l'adoption du projet présenté. Nous avons vu que la légalité en est incontestable ; d'autre part, le principal argument qu'on pouvait lui opposer, tombait, puisque la baisse
des fonds publics s'était déjà produite, comme en con-
vinrent les adversaires eux-mêmes (2). Cependant les habiles
plaidoyers de MM. Raiberti, Ribot et Rouvier impression-

(1) Citons celles de M. Linard, de M. Merlou, déjà examinées,
puis celles de MM. Berteaux, Doumergue, etc., qui proposent un
impôt sur le revenu, impôt global mais qui introduisent cependant
des cédules, dont l'une atteint de 5 0/0 les valeurs du Trésor de
toute nature (16 mars 1896), celle de M. Chenavaz, qui reproduit le
projet Doumer en supprimant quelques détails très critiqués
(21 mars 1896), celle de M. Guillemet, qui demande un impôt
mixte sur le capital et sur le revenu (30 mai 1896), celle de
M. Ducos, qui veut adopter l'income-tax dans toutes ses parties
(1er juin 1896) ; en outre, de nombreux amendements et contre-
projets étaient opposés à la proposition Cochery.

(2) Voir discours de M. Rouvier. J. O., séance du 2 juillet 1893
p. 1167.

nèrent fortement la Chambre. Les deux premiers s'étaient attachés surtout à la question de droit ; quant à M. Rouvier, il développa avec un grand talent les considérations suivantes : « L'impôt sur la rente ne saurait se défendre, à cette heure, par aucune considération, il n'est pas nécessaire, il est illégal ou tout au moins d'une légalité contestable, il est impolitique, improductif, dangereux (1). » Et dans une péroraison très pathétique, il adjura la Chambre de réfléchir aux conséquences de l'impôt en cas de guerre et demanda à son patriotisme de ne porter aucune atteinte au crédit du pays, car « son indépendance, dit-il, repose sur deux facteurs, la force militaire et le crédit, et sans crédit, la force militaire n'est qu'une force inerte » (1). M. Krantz, M. Cochery, M. Aynard et plusieurs autres s'efforcèrent de détruire l'impression laissée par les adversaires du projet, mais sans y parvenir.

La discussion des articles fut arrêtée, en effet, dès le 9 juillet, la Chambre ayant repoussé l'augmentation à 4.50 0/0 du taux d'imposition de la propriété bâtie. Il est presque certain que la cédule C aurait été également repoussée.

M. Cochery retira donc son projet, et, bien qu'on eût décidé dans la même séance « d'en reprendre l'examen le plus tôt possible », c'est seulement en février 1897 que le nouveau système remanié fut soumis à la Chambre ; il ne taxait pas les rentes, remplaçant seulement la contri-

(1) *Id.*, p. 1163.

bution personnelle-mobilière par une taxe d'habitation, ce qui, du reste, n'aboutit pas.

Ce grave échec des partisans de l'impôt sur la rente a empêché, depuis lors, les ministres des finances de déposer un nouveau projet d'impôt sur les revenus, car cette réforme serait véritablement d'une injustice absolue, si elle épargnait les arrérages de la Dette. Aussi M. Peytral a-t-il seulement demandé, le 25 octobre 1898, un remaniement de la contribution personnelle-mobilière. Le revenu serait établi d'après divers éléments que le contribuable devrait déclarer au fisc (loyer, domestiques, voitures).

Récemment, une commission parlementaire de l'impôt sur le revenu a été formée pour étudier la réforme de nos impôts directs. Son président étant M. Rouvier, il est peu probable que, de ses délibérations, sorte un projet d'impôt sur la rente, et l'adoption de cette mesure semble, par suite, moins prochaine que jamais.

Nous avons montré cependant qu'au point de vue légal, rien ne s'oppose à cette innovation. En est-il de même au point de vue économique? C'est ce qu'il conviendra d'examiner à la fin de ce travail.

## IV. — *Autres propositions.*

On ne rencontre, en dehors des projets déjà signalés, que des pétitions sans grand intérêt et des amendements dont les auteurs veulent frapper spécialement les rentes.

Notons d'abord les nombreuses pétitions qui pendant le règne de Louis-Philippe furent déposées à la Chambre des Pairs par un nommé Carpentier. En 1847, il en était à sa dix-huitième. Nous nous contenterons de reproduire le rapport présenté par le vicomte Lemercier sur la dernière, le 15 février 1847 : « Carpentier, ex-garde magasin des papiers blancs de l'imprimerie Royale, demande qu'il soit établi un impôt sur la rente sur l'État. Il considère comme injuste le privilège des porteurs, qui jouissent de tous les avantages que procurent le gouvernement et l'ordre social, et ne doivent pas être affranchis des charges qui pèsent sur les autres citoyens. Votre comité rend justice aux bonnes intentions du sieur Carpentier, mais il considère son projet comme inadmissible. Dix-huit fois, il l'a soumis à la Chambre sous forme de pétitions ; on l'a toujours écarté par l'ordre du jour. Votre comité est du même avis. » La même année, M. Robinet présente une requête semblable le 27 mars 1847 (1).

En 1850, la Commission chargée d'étudier un projet de loi sur le timbre voulut y soumettre les rentes, en les frappant de 0.05 0/0 du capital, à l'occasion des transferts. Cet article fut adopté lors de la deuxième délibération du projet de loi. Quand il revint, pour la troisième fois, devant l'Assemblée, le 4 juin 1850, elle venait de soumettre les rentes aux droits de mutation. M. Fould, au nom du gou-

(1) M. Sainte-Croix, en 1851. M. Fargas, en 1862, ont aussi rédigé des pétitions dans le même sens.

vernement, demanda à la Chambre de ne pas aggraver son dernier vote. Il montra que la rente avait, de ce fait, baissé de trois francs. Il ne voulait pas qu'une nouvelle atteinte fût portée tant aux engagements du Trésor qu'au crédit de l'État. « Que vous soyez, dit-il, appelés à négocier un emprunt, vous aurez grevé votre crédit. » Et il préconisa plutôt la conversion. Après son discours, et bien que le rapporteur eût affirmé « que le pays aurait accepté avec reconnaissance l'assujettissement des transferts à la formalité du timbre, comme une consécration de ce principe d'égalité que l'Assemblée cherchait à établir dans la répartition de l'impôt », l'article qui visait les arrérages de la Dette fut repoussé par 326 voix contre 302.

On a plusieurs fois demandé depuis, mais sans plus de succès, que le Parlement revînt sur cette exemption ; c'est ainsi que M. Fernand Faure présente, le 11 novembre 1886, un amendement qui applique simplement la loi du 20 juin 1850 aux arrérages des rentiers.

La proposition du 9 novembre 1895, de MM. Rey et Lachièze a le même but : « C'est, dit l'exposé des motifs, une application plus complète du principe posé en 1850 et dont la légitimité n'est contestée par personne. » Ces mêmes députés voulaient en même temps assujettir les coupons des titres au porteur à une retenue de 0.04 0/0 du capital pour remplacer le droit de mutation auquel ils échappent très facilement (1).

(1) M. Baudot, en 1873 et en 1874, avait demandé la même réforme.

Enfin certains projets, inspirés le plus souvent par des systèmes politiques, et ne se rattachant à aucune théorie économique, ont demandé que des retenues de 5 à 20 0/0 fussent prélevées sur les sommes dues aux créanciers de l'État. En général, ces projets n'ont même pas été pris en considération.

C'est le cas de celui de M. Langlois, déposé le 5 septembre 1871 : il tendait à supprimer un cinquième des rentes. Une retenue générale de tous les patrons sur les employés et ouvriers était également proposée, mais les patrons pouvaient, ce qui est au moins singulier, faire profiter leurs clients de cette retenue, s'ils ne voulaient pas la verser à l'État. L'Assemblée Nationale repoussa, sans discussion, cette étrange conception, (Séance du 3 janvier 1872).

En 1888, M. Roret veut une retenue de 5 0/0 destinée à l'amortissement (1). Le rapport de M. Duchesne conclut au rejet pur et simple. Il n'y eut même pas de prise en considération (2).

En 1892, M. Rouvier eut à réfuter les arguments de M. Girault qui remplaçait la contribution des portes et fenêtres par une taxe de 5 0/0 sur les fonds publics (3).

Enfin, le 14 mars 1895, M. Sembat défend un amendement semblable au cours de la discussion de la loi des fi-

(1) *J. O.*, 1888. Annexes. Chambre des députés, p. 510.
(2) *Id.*, p. 814.
(3) Séance du 12 juillet 1892.

nances : « Il faut imposer la rente, dit-il, et de suite ; pour éviter de favoriser la spéculation, il faut agir à l'improviste et éviter au marché toute incertitude. » La motion fut repoussée par 296 voix contre 216.

En résumé, le Parlement s'est trouvé depuis cinquante ans à de nombreuses reprises, en situation de réparer l'injustice commise à la fin du xviiie siècle. Sans vouloir promettre pour l'avenir que l'immunité des rentes serait maintenue, il a cependant refusé d'accepter, sous quelque forme qu'elle se présentât, la réforme demandée.

Nous allons voir que les Parlements étrangers ont agi, en général, de toute autre manière.

## § 3. — Législation étrangère.

La plupart des pays d'Europe ont, en effet, adopté, en cette matière, une solution contraire à celle de la France. Quelques-uns sont même allés beaucoup trop loin en taxant leurs rentes à un taux trop élevé, et au mépris des engagements formels qu'ils avaient pris.

### I. — Allemagne.

L'imposition des capitaux mobiliers est ancienne en

(1) De Parieu, *Traité des impôts*, t. I, liv. III, p. 377.

c. — 7

Allemagne. On l'a signalée, dès le moyen-âge, dans l'ancien « Schoss » allemand, et dans certaines lois de Hesse-Darmstadt, de Cobourg et de Bavière.

Comme d'autre part, la Dette des Etats allemands a été presque nulle jusqu'à ces dernières années, il était naturel que les rentiers ne fussent pas privilégiés.

Aussi, dès 1821, dans le Wurtemberg, on demande à tous les titres une taxe de 20 kreutzers pour cent florins de capital.

Peu de temps après (1), est créé en Bavière, le « *capitalrentensteuer* », impôt sur le revenu du capital, qui atteint toute propriété mobilière produisant un revenu payé par l'Etat ou les particuliers, sans distinguer si cette propriété est située en Bavière ou ailleurs, sauf dans le cas où elle serait taxée à l'étranger. Le minimum est de un kreutzer par florin ; chaque loi de finances détermine la quotité annuelle de l'impôt. Un projet de loi déposé au Landtag et transformant en un impôt progressif et global l'ancien *capitalrentensteuer* vient d'être voté (2).

Dans le Wurtemberg, on a supprimé l'impôt sur le capital pour le remplacer par un autre sur le revenu des *rentes*, services et fonctions. Sont imposables « les revenus des rentes viagères et des capitaux de toute sorte placés dans le Wurtemberg ou à l'étranger appartenant à

(1) En 1850. Aujourd'hui une loi de 1881 a réglementé à nouveau l'impôt.

(2) *Bulletin de statistique et de législation comparée* (janvier 1900).

des Wurtembergeois ». Le taux varie de 4 à 5 0/0 suivant les lois de finances. Dans le duché de Bade, le même impôt existe depuis 1848, en Hesse depuis le 16 juillet 1884.

En Prusse, on a réformé tout le système des contributions directes en 1891-1893. Le *classensteuer*, qui existait sous diverses formes depuis 1812, a été aboli et remplacé par deux impôts directs : l'*einkommensteuer* et l'impôt complémentaire sur le capital.

L'*einkommensteuer* frappe tout revenu de plus de 900 marks (soit 1.125 francs), évalué d'après la déclaration obligatoire du contribuable. Le taux progressif va de 0,65 à 4 0/0.

On doit considérer cet impôt personnel comme atteignant indirectement les rentes, car la déclaration doit comprendre le revenu des créances sur l'Etat Prussien ou sur l'Empire, au même titre que les autres revenus. En outre, « l'*impôt complémentaire sur le capital* » créé, comme son nom l'indique, pour éviter au budget le déficit causé par des dégrèvements, est directement assis sur le capital des emprunts d'État et de toutes les valeurs mobilières. Il est de 1/2 0/00 et calculé, non d'après la valeur en bourse, comme la justice semblerait l'exiger, mais en multipliant par 25 le revenu annuel (soit 87,50 pour le 3 1/2 0/0, 75 pour le 3 0/0). En fait, ce procédé entraîne une diminution de l'impôt. Pour les rentes non perpétuelles, on ne multiplie que par 12 1/2. Et enfin pour les rentes viagères, on calcule le capital d'après les tables de mortalité.

Aucun des autres petits États n'a stipulé de privilège pour ses propres fonds et tous leur demandent une juste contribution dans les dépenses publiques.

Quant à la Dette de l'Empire, elle n'est pas non plus garantie contre les impôts futurs. Elle est d'ailleurs de très faible importance à côté des revenus du domaine de l'État (1).

On n'évalue pas à plus de 15 milliards l'ensemble de tous les engagements pris par les divers États et l'Empire. C'est une dette légère pour un pays de 55 millions d'habitants, dont les impôts ne grèvent pas lourdement le revenu, et dont l'industrie est entrée dans une période de développement inouï.

## II. — Angleterre.

La Dette de l'Angleterre est, au contraire, fort ancienne, et c'est au commencement du XIX$^e$ qu'elle a atteint

---

(1) Budget de 1896-1897 :
Arrérages des rentes : 278 mill. de marks.
Revenus des forêts. . . .     79  mill. de marks.
   —     mines, etc . .   121       —
   —     chemins de fer. 1.027       —
                           1.227       —
Excédent (dépenses d'exploitation déduites) : 90 mill. de marks.

son maximum. Les guerres soutenues contre la France, de 1793 à 1815, presque sans interruption, aug- mentèrent de 6 à 22 milliards le passif de l'Angle- terre. Depuis cette époque, il a toujours régulière- ment diminué, grâce à l'amortissement très énergique que la Chambre des Communes a su maintenir, grâce aussi au crédit dont jouit ce grand pays, crédit qui a permis des conversions réitérées. Le Consolidé 2 3/4 0/0 valait, il y a un an à peine, 114 francs, et ce fonds ne rapportera que 2 1/2 à partir de 1903.

Ces conditions excellentes pourraient faire croire à une immunité des valeurs publiques ; il n'en est pas ainsi, car elles sont depuis longtemps frappées d'un impôt qui a varié de 1 à 6 0/0.

Guillaume III avait autrefois accordé aux rentiers anglais une exemption absolue. Il y avait là une promesse impor- tante. Mais en 1798, Pitt comprenant que les emprunts ne pourraient augmenter sans cesse, et qu'il fallait créer de nouveaux impôts, demanda au Parlement de voter une taxe sur les revenus, qui prit le nom d'*income-tax* : « Les annuités provenant des capitaux placés dans les fonds publics, déclara-t-il, ne pourraient sans injustice être exempts d'une imposition applicable à tous les autres genres de revenus. Ce n'est point ici une taxe particulière et révoltante sur les créanciers de l'État exclusivement. Qu'ils eussent déposé leurs fonds dans le commerce ou en terres, ils auraient de même été atteints par la contribu- tion. »

Personne n'a jamais soutenu, du reste, que cet acte ait été une déloyauté de la part du Parlement anglais. Encore aurait-il pu trouver une excuse dans la situation particulièrement difficile du pays à ce moment. Supprimé en 1816, l'impôt fut rétabli en 1842, sans que la paix eût été troublée et qu'aucune raison majeure nécessitât ce supplément de ressources. Il est vrai que les droits de douane venaient d'être en partie abolis. Mais il est certain que si les ministres anglais avaient éprouvé quelque crainte au sujet de l'influence du rétablissement de l'*income-tax* sur le crédit public, ils auraient choisi une autre réforme fiscale pour équilibrer le budget. Depuis 1842, la perception de cette taxe a été prorogée de trois ans en trois ans, sans interruption.

Divisée en cinq cédules, l'*income-tax* est tout l'opposé de l'*einkommensteuer* allemand. « Ne s'adressant pas au revenu global, ne visant pas à le taxer et n'exigeant, en principe, aucune déclaration d'ensemble, l'*income-tax* est la juxtaposition de cinq impôts différents, dont quatre atteignant les revenus fonciers, les revenus des valeurs mobilières, et les traitements, se perçoivent automatiquement (1). » « Tous intérêts et dividendes des effets publics nationaux ou étrangers payables en Angleterre, sont atteints par la cédule C. Les annuités terminables elles-mêmes, très employées pour l'amortissement de la Dette consolidée ou pour faire des conversions à échelons, ne sont pas exemptées. On pourrait objecter cependant que, dans ces

_____

(1) Leroy-Beaulieu. *Économiste français* du 8 février 1896.

annuités, le capital représente une part importante et que l'income-tax ne doit frapper que les revenus. Cependant Gladstone a refusé de faire une différence entre ces annuités et les consolidés.

L'impôt est perçu par retenue, et déduit des payements effectués aux porteurs des titres ou des coupons. La Banque d'Angleterre, chargée en principe des services des arrérages, retient le montant de la taxe et le verse ensuite à l'Echiquier. Le taux varie chaque année, nous l'avons vu ; on a pu ainsi obtenir, par un simple rehaussement, 7 millions de livres en 1875 (150 millions de francs environ) et 17 millions de livres en 1886-1887 (soit 400 millions de francs). Cette grande élasticité fait de l'*income-tax* un admirable instrument fiscal.

L'exemple de l'Angleterre montre quelle a été l'erreur de notre Parlement, lorsqu'il a refusé, par des considérations contestables, d'accepter un système équivalent d'impôts directs.

### III. — Autriche-Hongrie.

Les Dettes des deux royaumes d'Autriche et de Hongrie ne se confondent pas. Chacun de ces pays a, en effet, son budget spécial et pourvoit au payement de ses propres engagements.

L'Autriche a subi, au début du XIXe siècle, des embarras financiers semblables à ceux dont la France venait de sortir. Elle avait créé des billets à cours forcé, dénués de gage, qui perdirent jusqu'à onze douzièmes de leur valeur nominale. La situation, compliquée par les luttes malheureuses de l'empereur François I<sup>er</sup> contre Napoléon, fut dénouée, comme en l'an VI, par une double faillite. Une patente du 20 février 1811, rédigée par le comte Wallis, réduisit les billets de Banque au cinquième de leur valeur. Et, pour la Dette, elle ajoutait : « Nous déclarons que la Dette ne sera pas réduite en capital ; par contre, occupé à équilibrer sans cesse les recettes et les finances de l'État et mû par notre soin infatigable de préserver nos sujets de nouveaux impôts, nous nous voyons obligé de réduire les intérêts de toutes les obligations publiques à la moitié de leur valeur. » Cette liquidation désastreuse causa nombre de ruines, et cela sans relever le crédit public. En 1816, nouvelle banqueroute partielle ; pour 100 florins d'arrérages, on n'en paya plus que 60.

En 1818, le trésor autrichien se voit encore obligé de suspendre les payements en numéraire.

Austerlitz et Wagram avaient amené la déconfiture financière de 1811 ; plus tard Solférino, et Sadowa obligent l'Autriche à réduire à nouveau ses rentes. Dès 1859, elle ne paye plus qu'en papier ; elle projetait de reprendre, en 1867, l'accomplissement de toutes ses obligations, mais la guerre avec la Prusse l'en empêcha.

Et il fallut, en outre, par une loi de 1868, étendre aux valeurs du Trésor public, l'impôt sur les revenus auquel la loi du 29 octobre 1849 les avait soustraites. Cet impôt, divisant les revenus en trois classes et les atteignant avec une large discrimination, fut établi à raison de 16 ou 20 0/0 pour les fonds d'État. En principe, la quotité de 16 0/0 était appliquée à tous, mais une disposition formelle de la loi élevait le taux à 20 0/0 pour « les emprunts à lots non sujets à conversion, ceux de 1854, de 1860 et de 1864, et les rentes accordées en dédommagement de la suppression des dons gracieux. » On ne tenait aucun compte, pour ces retenues, ni de la nationalité des porteurs, ni de l'importance des intérêts payés. Aussi a-t-on pu blâmer, avec beaucoup de raison, cette disposition par laquelle l'Autriche a manqué « au respect des stipulations formelles souscrites sur les marchés étrangers (1). »

Mais cet impôt, par une décision encore plus étonnante, ne devait s'appliquer qu'aux emprunts existants. Tous les emprunts à venir en étaient déclarés exempts. L'Autriche entendait se réserver ainsi la possibilité de recourir au crédit, sans se trouver dans l'obligation de subir des conditions trop désavantageuses. Elle y a réussi, et même à la faveur d'une longue paix, elle a pu supprimer récemment le cours du papier monnaie (1898) et reprendre la circulation des espèces métalliques.

D'autre part, l'engagement de 1868 a été tenu ; c'est ainsi que le 4 0/0 or 1874-1880 est exempt de tout impôt et qu'une taxe, créée en 1897, sous le nom de *rentensteuer* et visant tout revenu atteint par les taxes existantes, n'a

(1) Comte de Mülinen. *Finances de l'Autriche.*

pas été étendue aux coupons des titres de l'État autrichien légalement exempts.

L'attitude financière du gouvernement autrichien, à l'abri de toute critique depuis 1868, a permis aux valeurs de ce pays cotées sur les places étrangères de figurer parmi les titres de second rang (4 0/0 or à 100.85-28 février 1900).

## IV. — Espagne.

La Dette de l'Espagne est celle qui a subi, depuis 40 ans, les variations les plus fortes. Elle est, en 1850, d'environ 3 milliards 1/2, en 1868, avant la Révolution, de 6.665 millions, en juin 1875, six mois après la Restauration, elle monte à 12 milliards et le maximum est atteint, en 1877, à 12.890 millions. L'Espagne ne pouvait supporter un pareil fardeau. Elle se résolut à unifier sa Dette par une banqueroute, déguisée sous le nom de conversion (7 milliards furent supprimés par cette opération en 1882). Comme réparation du préjudice causé aux porteurs étrangers (1), on leur promit de ne jamais imposer la Dette extérieure qui, depuis lors, forme un fonds différent de la Dette intérieure.

Les finances de l'Espagne ont été conduites, dans ces

(1) Un économiste espagnol a calculé que depuis le XVIIe siècle, les faillites de l'Espagne ont été si répétées que ses créanciers ont touché de 10 à 15 0/0 de ce qui leur était dû. (M. Calzado. *Économiste français*, 16 mars 1895.)

derniers temps, avec une imprudence notoire (1). Et la guerre hispano-américaine, sans avoir effleuré le sol de la métropole, l'a plongée dans des embarras extrêmes. En plus des énormes dépenses de cette guerre, les dettes de Cuba et des Philippines ont été passées à sa charge.

Pour faire face à la situation, on a décrété, dès 1898, quelques impôts nouveaux. La Rente intérieure, déjà frappée de 1,4 0/0 de retenue depuis 1888, l'est en outre, à partir de juillet 1899, d'un impôt de 5 0/0 augmenté de 1 1/2 soit, au total 8 0/0.

Quant à la Dette extérieure, jusqu'ici, elle a été ménagée. Cependant M. Villaverde demande, dans le projet de budget de 1900, une retenue de 20 0/0 sur tous les titres même estampillés. « En réalité, dit le ministre des finances, il n'y a pas de raison pour qu'il n'en soit pas ainsi, étant données la surtaxe de l'impôt et les pratiques suivies dans les autres pays. » Plus loin cependant, il reconnaît qu'un engagement contraire a été pris en 1883 et propose une négociation avec un comité délégué par les porteurs.

On assure pourtant (mars 1900) qu'il ne sera pas

---

(1) Dès le 27 juin 1891, l'*Économiste Français* avertissait le gouvernement espagnol : « Comprend-on l'Espagne qui pousse à un total extravagant la circulation de ses billets de banque ? La Banque d'Espagne a encaissé 149 millions d'or. Elle a en portefeuille 444 millions de rentes 3 0/0 amortissable, 165 millions de lettres du Trésor. 57 millions de pagarès. Mieux vaudrait emprunter au public à 10 0,0. »

donné suite à ce projet et que le budget pourra être équi-
libré par la suppression de tout l'amortissement, sans qu'on
ait à recourir à des réformes illégales. Le Parlement espagnol ne s'est pas encore prononcé.

### V. — Italie.

Le royaume d'Italie, quoique de formation récente,
s'est déjà constitué des engagements qui lui paraissent
trop lourds.

Il est vrai qu'il dut, en 1860, prendre à sa charge les
dettes des divers États dont il était composé. La loi du
10 juillet 1861 qui crée le Grand-Livre de la Dette, reconnaît ce principe et décide également que : « Les rentes
inscrites sur le Grand-Livre ne doivent, à aucune époque
et pour aucune cause, même de nécessité publique, être
soumises à aucun impôt. » Les porteurs de rente italienne, qui étaient français pour une forte proportion
(25 0/0 environ), pouvaient donc espérer une longue immunité.

Mais bientôt la mauvaise assiette des impôts, les difficultés de leur perception, et l'exagération des dépenses
vinrent, au contraire, troubler cette quiétude.

En 1866, le déficit est de 138 millions, en 1867 de
229 millions ; à la fin de 1868, on arrive à 575 millions (1). Le budget de 1869 se présente avec un excédent

(1) Exposé fait le 10 mai 1868 à la Chambre italienne par M. Cambray-Digny, ministre des finances.

de dépenses de 248 millions. Il fallait aviser. La rente 5 0/0 étant à 48 ou 50 francs, il était difficile d'emprunter. M. Cambray-Digny, ministre des finances, se vit réduit à déposer un projet « d'*impôt sur la richesse mobilière* », qui frappait les divers revenus par cédules, une d'entre elles comprenant les arrérages de la Dette : « La loi de 1861 exclut tout impôt spécial sur la dette publique, dit-il, mais non un impôt général frappant tous les revenus. Au point de vue de l'équité, il faut exempter les porteurs étrangers car ils ne sont que créanciers et ne peuvent être imposés. » On leur remettrait un titre de rente nominatif, pouvant permettre une distinction facile (1).

Le Parlement craignit que cette distinction n'entraînât une dénaturalisation complète de la rente, et il assimila tous les titres, quels que fussent leurs propriétaires, aux autres revenus. Le taux était de 8 0/0, 8,80 avec les décimes. (Loi du 28 juin 1866). Dès le 11 août 1870, il fut porté à 13.20 0/0. Enfin, quand les alliances internationales eurent forcé l'Italie à multiplier ses dépenses militaires, elle dut élever à 20 0/0 la quotité de la retenue.

Il est difficile, nous l'avons dit (2), de trouver une excuse à ce procédé de l'Italie, qui, sous prétexte d'impôt général, a créé, en fait, un impôt spécial sur la Dette publique. Les autres revenus sont, en effet, beaucoup moins

(1) Voir H. Sachs, *Histoire financière de l'Italie*, p. 344 et suivantes.

(2) Voyez p. 34.

taxés, et la plupart échappent, par une déclaration illu-
soire, à tout impôt.

La situation assez inférieure du crédit de l'Italie (le 5 0/0
qui rapporte en réalité 4 francs, ne vaut que 93 francs en
moyenne. — février 1900) est la conséquence de ce peu de
fidélité à tenir les engagements pris.


### VI. – Pays-Bas.


La Hollande avait contracté une Dette, relativement très
importante, pendant ses guerres avec l'Angleterre, plus de
quatre milliards. Mais elle a su, par un amortissement
énergique, réduire ses engagements de près de moitié.

Une loi récente (1) établit dans ce pays un « *impôt sur
la fortune* » qui frappe les capitaux et se combine habile-
ment avec une taxe sur « *les revenus professionnels et
autres revenus.* » « Il sera perçu à titre d'impôt sur la
fortune, dit la loi (Article 1), une contribution directe sur
tous ceux qui habitent le royaume ou qui s'y sont établis.
Pour le règlement de l'impôt la fortune sera déterminée
ainsi qu'il suit :

D. — Les effets publics, d'après leur valeur réelle. Sont
réputées effets publics les inscriptions aux Grands-
Livres... (Art. 7). »

Il s'agit donc d'un impôt réel sur le capital, assez sem-

_____

(1) Loi du 27 septembre 1892.

blable à l'impôt complémentaire de Prusse. Le taux en est progressif, mais il ne s'élève qu'à un florin par 1000 de capital au-dessus de 200.000 florins.

## VII. — Portugal.

Le Portugal est, depuis 1892, pour sa Dette extérieure comme pour sa Dette intérieure, en état de faillite partielle.

Ses engagements sont relativement les plus élevés du monde (près de 900 francs par habitant). C'est à la fois la politique de l'Angleterre vis à vis de ce pays et le gaspillage des finances qui l'ont amené à cette situation critique. Le 13 juin 1892, une décision du **gouvernement** déclarait, sans qu'aucun concordat eût été passé, sans même que les porteurs eussent été avisés, **que les** fonds payables en or à l'étranger le seraient seulement à raison des deux tiers. D'autre part, dès 1880, un impôt frappait la Dette intérieure payable en reis, à titre d'impôt général sur le revenu. La retenue opérée de ce fait est actuellement de 30 0/0. C'est, nous le répétons, une véritable banqueroute partielle, car un impôt équitable ne saurait atteindre de telles proportions.

Aujourd'hui le gouvernement semble vouloir remettre un peu d'ordre dans ses finances et il désirerait obtenir un concordat de ses créanciers, mais la rente extérieure est encore à 24 francs (28 février 1900).

### VIII. — Russie.

Un ukase du 20 mai 1885 a institué un impôt sur le revenu des capitaux. La quotité en est de 5 0/0, perçue par retenue sur tous les emprunts d'État qui ne sont pas exempts d'après la loi qui les a autorisés. Le crédit de la Russie étant, il y a dix ans, peu connu et mal apprécié sur les places étrangères, le gouvernement jugea bon de stipuler que la plupart des émissions faites au dehors, et surtout à Paris, seraient exonérées d'impôts russes quels qu'ils fussent. La loi de 1885 s'est conformée à cette décision de principe.

Bénéficient de l'immunité les emprunts suivants :
Obligations. Nicolas 1867-1869.
4 0/0 1880.
4 0/0 1889, 1890, 1893.
Consolidés 4 0/0 1889-1890.
3 0/0 1891.
3 0/0 1894.
3 1/2 0/0 1894.
3 0/0 1896.

Sont, au contraire, astreints à la retenue de 5 0/0 les fonds ci-dessous énumérés :
5 0/0 1822.
4 0/0 1884 (Emprunt d'Orient).
4 1/2 0/0 intérieur 1889.

La Russie n'a donc jamais hésité au sujet de la légalité de l'impôt sur la rente. Introduisant dans son système fiscal une taxe semblable à celle des valeurs mobilières en France, elle y a tout naturellement soumis les fonds d'État, en principe, sauf le cas où les nécessités économiques, la forceraient à garantir aux souscripteurs un privilège spécial.

### IX. — Suisse.

La Suisse a une Dette fédérale presque nulle (une centaine de millions). Les cantons ont adopté, en général, l'impôt global sur le revenu, souvent progressif, ou l'impôt sur le capital, dont la quotité croît également, le plus souvent, avec le total de la fortune.

Le canton de Lucerne cumule les deux impôts. Ceux de Zurich, de Thurgovie, de Zug, d'Argovie, de Neufchâtel, de St-Gall, de Berne, de Schaffouse, d'Unterwalden, de Vaud, ont créé, avec des différences insignifiantes, un impôt sur le capital qui frappe « toute richesse susceptible d'être calculée en valeur vénale », et, par suite, les rentes sur la Suisse ou les États étrangers.

### X. — Autres États.

Les autres États ont laissé jusqu'ici leur Dette jouir du privilège qu'ils lui avaient attribué ou bien ils ont préféré à l'impôt le procédé plus rapide, mais moins recommandable, de la banqueroute. Dans le premier groupe il faut ranger la Belgique, la Hongrie, la Roumanie, la Serbie, la Bulgarie, la Suède et la Norvège, les États-Unis, le duché de Luxembourg. Parmi les pays défaillants, citons la Turquie, la Grèce, (soumise au contrôle financier des grandes puissances), l'Égypte (où l'on a organisé également un contrôle international) et la plupart des États de l'Amérique du Sud (notamment la République Argentine et le Brésil).

En résumé, que faut-il conclure de cette revue rapide de la question de l'impôt sur la rente dans les pays étrangers? Que, nulle part, on n'y a vu, comme en France, une injustice, une illégalité, et que tous les impôts sur les revenus ou sur les valeurs mobilières que l'on peut rencontrer en Europe n'établissent aucune distinction d'après la source de ces revenus. S'ils en font une, c'est pour diminuer la charge des fruits du travail aux dépens de ceux du capital.

La France seule maintient aujourd'hui à ses créanciers un privilège injustifiable, privilège d'autant plus grave que sa Dette est plus élevée et forme une part plus importante du revenu des contribuables.

# CHAPITRE III

## EFFETS POLITIQUES ET ÉCONOMIQUES DE L'IMPOT SUR LA RENTE

Pour combattre la taxation des fonds publics, on n'a pas invoqué seulement la question de droit. On a dit aussi que, même en admettant qu'une nation puisse imposer sa Dette, elle ne devait pas le faire, car les suites de cette mesure lui seraient plus nuisibles qu'utiles. Quelques auteurs ont même fait de cet impôt « la cause principale, pour ne pas dire unique, de toutes les calamités qui pourraient fondre sur le pays qui le créerait; il serait une sorte de monstre, de bête de l'Apocalypse (1). » Qu'y a-t-il de vrai dans ces exagérations? Les conséquences de la taxation des rentes sont-elles si graves?

Il faut d'abord éliminer l'impôt *spécial* sur la Dette. Tout le monde reconnaît que la création de cet impôt doit être repoussée, car ses conséquences seraient néfastes, tant au point de vue du crédit national, si péniblement reconstitué par nos ministres et notre Par-

(1) Discours de M. Aynard, à la Chambre des députés. (Séance du 3 juillet 1896.) *J. O.*, p. 1175.

lement, que pour les résultats politiques qui en découle-
raient.

Nous rechercherons seulement ici, en étudiant d'abord
ses effets *politiques* (égalité plus grande des charges sup-
portées par les contribuables, sans concession aux doctrines collectivistes), puis ses effets *économiques* (incidence de l'impôt sur la rente, sur le crédit public, sur la
richesse générale du pays), l'opportunité d'une mesure qui
soumettrait les rentes au droit commun.

## § 1. — Effets politiques.

Ils peuvent être divisés suivant que l'on considère
les rentiers, l'ensemble des contribuables, ou la situation des partis.

La justice veut qu'en matière fiscale, chaque État
cherche à proportionner l'impôt aux ressources des citoyens. Ce but doit être poursuivi en dehors de toute pré-
occupation d'intérêt de classes ou de systèmes préconçus.
Nous avons vu quel est, à l'heure actuelle, le total des
Dettes publiques, quelle proportion il représente dans
l'ensemble des capitaux mobiliers. Nous savons aussi que
la grande majorité des nations n'a pas hésité à appliquer
les vrais principes, sans s'arrêter à de vains scrupules qui

dissimulent mal la protection accordée à une partie des contribuables aux dépens des autres. En France, il en a été tout autrement et l'immunité des rentes françaises a entraîné celle des fonds d'Etats étrangers, au moins pour les impôts français (1).

On invoque souvent en faveur de cette exemption les discussions parlementaires de 1790. On rappelle le discours de Barnave à la séance du 4 décembre : « La rente ne doit pas payer comme rente, disait-il, elle doit entrer dans la combinaison de l'imposition personnelle des jouissances de celui qui est propriétaire. » Argument des plus justes à cette époque où notre système de contributions directes ne comprenait pas la taxe sur le revenu des valeurs mobilières. Mais aujourd'hui on peut considérer la contribution personnelle-mobilière et celle des portes et fenêtres comme formant un premier degré de taxation, atteignant personnellement tout citoyen d'après l'ensemble de son revenu présumé, et tous les autres impôts directs comme constituant un second degré : ce sera, pour les revenus du sol, la taxe foncière, pour ceux du commerce et de l'industrie, les patentes, pour ceux du capital mobilier, la taxe de 1872. Tous les capitaux sont donc atteints deux fois dans leurs produits annuels, seules les rentes forment une exception à cette double imposition, et à notre avis, cette exception

(1) Il faut noter cependant que, depuis 1863, les fonds d'États étrangers supportent un droit de timbre, dont la quotité a souvent varié. Elle est, depuis la loi du 13 avril 1898 (art. 13), de 1 0/0 du capital nominal.

est injuste. « Depuis le jour où le législateur a voulu atteindre par autre chose que la contribution personnelle-
mobilière, les revenus particuliers, les motifs d'exemption
de la rente ont commencé à disparaître. Le jour où le Parlement a établi la taxe de 3 0/0, puis de 4 0/0 sur les
valeurs mobilières, il a supprimé implicitement le motif
principal qui avait déterminé l'exonération de la rente. (1) »

Si le petit commerçant doit se priver d'une partie des
revenus tirés de son commerce et acquis par son travail,
il est logique que le petit rentier subisse le même prélèvement ; cela serait même d'autant plus juste que ce dernier ne
prend aucune peine pour obtenir les arrérages qui lui sont
versés chaque année. On invoque le prêt qu'il a consenti
avec son capital. Ce prêt, nous pensons l'avoir démontré,
ne doit pas servir de prétexte à l'immunité. Et, du reste, le
commerçant n'a-t-il pas presque toujours, lui aussi, une
grande partie de son capital engagée dans ses affaires ?

M. Lasserre a, en 1896, établi une comparaison très
démonstrative : « Voici trois contribuables, dit-il, ils ont à
peu près la même fortune, un revenu identique. L'un
est propriétaire d'un champ, il est écrasé d'impôts (2) :

---

(1) Discours de M. Boulanger au Sénat. (Séance du 6 mars 1893.)

(2) M. Méline, dans un discours assez récent (6 juillet 1896), a déclaré, qu'à son estimation, les agriculteurs payaient 17 0/0 de leurs
revenus. Ce chiffre semble exagéré ; l'impôt foncier varie du reste
avec chaque commune et l'on ne peut guère se baser sur les
moyennes. Remarquons cependant que ces moyennes sont en dé-
croissance notable depuis 1791 (tableau emprunté à M. de Foville, *la
France économique*, 1890, p. 408).

il paye l'impôt foncier auquel viennent s'ajouter toutes les impositions locales, impôts départementaux et communaux et, en plus, des droits de mutation, si bien que le malheureux paysan, qui cultive son champ, qui peine, qui travaille, se trouve surchargé, écrasé sous le faix. Un autre.... a pris des obligations de chemins de fer. Il est frappé d'abord de 4 0|0 de son revenu, taxe à laquelle viennent s'ajouter encore des droits de toute nature qui élèvent son impôt à 11,12 et même 13 0/0 (1). Et enfin le troisième, beaucoup plus avisé, a placé son argent en rentes françaises. Il est complètement exempt

| | Revenus fonciers. | Impôt (principal). | Proportion. |
|---|---|---|---|
| 1791... | 1440... | 240.... | 16.66 0/0 |
| 1821... | 1580... | 155.... | 9.79 0/0 |
| 1851... | 2540... | 155.... | 6.06 0/0 |
| 1861... | 3096... | 159.... | 5.15 0/0 |
| 1874... | 3959... | 168.... | 4.24 0/0 |

Actuellement, pour les agriculteurs, l'impôt a encore beaucoup diminué.

(1) En prenant, comme exemple, une obligation de la Compagnie de l'Ouest 3 0/0 valant nominalement 500 francs, on trouve que son revenu supporte :

      0 f.60 pour la taxe de 4 0/0.

      0 30 comme droit de timbre (0.06 0/0 du montant nominal).

      0 90 comme droit de transmission.

    Soit 1 80 perçu par abonnement sur la valeur réelle.

Pour un revenu de 15 francs, cela donne 11.88 0/0 et en ajoutant l'impôt sur les opérations de bourse, on arrive à plus de 12 0/0.

d'impôt... Je dis qu'il est inadmissible que nous laissions continuer cette situation (1). »

M. Lasserre aurait pu ajouter, avec M. Leroy-Beaulieu, que l'État avait garanti un revenu fixe aux porteurs d'obligations de chemins de fer, et que, malgré cela, il n'a pas hésité à les frapper. Cet économiste a fait aussi remarquer que si l'on prend deux porteurs d'une même somme, l'un en valeurs industrielles quelconques, l'autre en fonds d'État, « le premier a vu depuis 1869 l'impôt direct lui retirer 5 ou 5 1/2 0/0 de son revenu d'avant la guerre, tandis que le second est demeuré dans la même position. Le rentier sur l'État n'aura donc en rien contribué aux charges du pays » (2).

La conclusion à tirer de cette situation est simple : la justice demande que le législateur supprime les impôts qui pèsent sur les revenus doublement taxés, ou bien, ce qui vaudrait mieux pour l'équilibre du budget, qu'il frappe de même tous les capitaux.

On a invoqué contre notre solution l'impopularité de l'impôt sur la rente et le mauvais effet qu'il produirait dans l'esprit des créanciers de l'État. « Un tel impôt, a dit M. Léon Say (3), serait évidemment impolitique dans un

---

(1) Discours prononcé le 1er juillet 1896. *J. O.*, p. 1147-1148.

(2) *Traité de la science des finances*, t. II, p. 548. (Édition de 1899.)

(3) Conférence du 10 septembre 1885, p. 82.

pays où il y a un si grand nombre de rentiers qu'on peut compter 4 millions d'inscriptions de rentes différentes au Grand-Livre. Mettre un impôt sur les rentes, c'est exposer la République de 1885 à un danger analogue à celui auquel s'est exposée la République de 1848, quand elle a établi les fameux 45 centimes. »

L'affirmation est visiblement exagérée, car l'impôt sur la rente ne saurait, en aucune façon, être comparé aux 45 centimes de 1848. L'impôt *spécial* seul aurait cet effet désastreux. Mais il n'entre nullement dans notre pensée, nous le répétons, d'en défendre l'établissement. Et, du reste, un des adversaires les plus déterminés de cette réforme, M. Rouvier, n'a-t-il pas déclaré formellement, en 1896, que le *seul argument* qu'on puisse présenter en faveur de l'impôt », c'était la *préférence* des rentiers pour ce même impôt, parce qu'il les met à l'abri des conversions futures (1). Les capitalistes bien avisés préféreront toujours, en effet, payer 12 centimes par inscription de 3 francs, et ne pas subir, tous les quinze ou vingt ans, une réduction beaucoup plus forte.

Si l'impôt sur la rente était impopulaire autrefois, il est certain que les rentiers ont dû calculer, depuis que l'on est entré dans la voie des conversions, combien une taxe de 4 0/0 leur aurait moins coûté.

Dans un ordre d'idées tout autre, mais qui se rattache aux effets politiques de notre impôt, certains esprits, et

(1) Discours précité. *J. O.*, séance du 27 juillet 1896, p. 1166.

particulièrement MM. Léon Say et Rouvier, ont soutenu
que la taxation des fonds publics « serait une concession
à la doctrine de la réhabilitation sociale, une reconnaissance du principe de la nationalisation des instruments de
travail, tout à fait semblable à la reconnaissance qu'on
pourrait faire du principe de la nationalisation des terres.
Quand la guerre sociale est déclarée comme aujourd'hui...,
il est contraire à toute prudence politique de fournir des
armes à des ennemis en leur faisant des concessions de
principe (1). »

Tout impôt ne peut-il entraîner aux mêmes raisonne-
ments ? En est-il un dont on ne puisse faire la reconnaissance du principe de nationalisation des revenus ou du capital ? Un des chefs du collectivisme, Henry Georges, ne
l'a-t-il pas proclamé lui-même pour l'impôt foncier :
« C'est en prenant la rente des terres que nous voulons
arriver à leur nationalisation... Que les individus gardent
leur bien, qu'ils continuent à l'échanger, à le transmettre... Nous pouvons leur laisser l'écorce en leur prenant l'amande. Nous prenons déjà une partie minime de
la rente de la terre par des impôts. Nous n'avons qu'à
faire quelques changements dans le mode de taxation
pour la prendre tout entière. » Logiquement, dans le système de M. Léon Say, il faudrait induire de ce passage
que l'impôt foncier n'aurait jamais dû être établi, puis-

---

(1) Léon Say. *L'Impôt sur la rente*, article cité. *Revue pol. et
parl.*, juin 1895, p. 402-403.

qu'il viendrait à l'appui des doctrines les plus contestables.

C'est donc donner trop d'importance aux théories collectivistes. Sans doute, les partis les plus avancés se sont montrés partisans décidés de l'impôt sur la Dette publique, mais c'est parce qu'ils y voient une dénonciation du contrat passé entre l'État et ses créanciers. Or, nous avons établi qu'aucun contrat, aucun engagement valable n'a jamais été pris par la nation. Dès lors que reste-t-il des conséquences que l'on en tire ?

Concluons donc, avec un des orateurs les moins socialistes de la Chambre des députés : « Là où nos contradicteurs voient la mort du parti modéré, nous voyons notre vie... En faisant rentrer deux millions de contribuables dans l'égalité, je suis convaincu que nous ferons un acte de justice, en même temps que nous ferons un acte politique ; nous montrerons que la politique modérée sait être courageuse et vraiment démocratique, c'est-à-dire qu'elle ose ne ménager aucun intérêt quand il s'agit de la justice » (1).

## § 2. — Effets économiques.

### 1° Incidence de l'impôt.

La question de l'incidence domine tout le débat ouvert

(1) Discours de M. Aynard. *J. O.*, séance du 3 juillet 1896, p. 1178.

sur les conséquences économiques de la taxation des rentes. Suivant que les cours seront plus ou moins atteints, le crédit public, les conversions futures, la valeur des autres placements mobiliers, le taux de l'escompte, le seront en même temps et dans la même proportion.

On a, du reste, ici la preuve que l'incidence « est une des matières les plus obscures et les plus difficiles de la science fiscale (1) », car les opinions sont en divergence absolue : les uns affirment « que l'impôt sur la rente atteindra le capital de tout son poids, qu'il se traduira nécessairement, mathématiquement, par une dépréciation des titres correspondant à la retenue faite sur l'arrérage (2) » d'autres soutiennent au contraire « que cette taxe n'est pas de nature à produire un effet sensible sur les cours » (3), d'autres enfin que « le jour où l'impôt est voté, il est salué souvent par une hausse (4). »

Il faut, pour choisir entre ces appréciations, distinguer la théorie et la pratique en matière d'incidence.

La théorie acceptée en général par tous les économistes peut se résumer ainsi : « L'impôt reste, au moins immédiatement, à la charge de celui qui le paye, si l'objet sur lequel il est assis n'est pas susceptible de restriction. Dans le cas contraire, il est rejeté en tout ou en partie sur

(1) M. Stourm. *Systèmes généraux d'impôts*, p. 365.
(2) Discours de M. Rouvier, *J. O.*, séance du 2 juillet 1896, p. 1167.
(3) Article de M. Fernand Faure, précité, p. 45.
(4) Discours de M. Cochery, p. 1184.

d'autres contribuables et la répercussion de l'impôt est en raison même de cette facilité de restriction (1). »

Or les rentiers ne pourront jamais, quel que soit l'impôt établi, réduire le total des rentes ; dès lors ils n'ont aucun moyen de rejeter l'impôt. Le capital du rentier sera donc diminué de toute la valeur du revenu enlevé. Celui qui, au lendemain de l'établissement d'une taxe de 4 0/0 voudra acheter un titre de 96 francs de rente, le payera en effet le même prix que, la veille, il en eût payé un de 100 francs. C'est d'ailleurs ce que reconnaissait pleinement Proudhon dans sa *Théorie de l'Impôt* (2). « Imposez à 1 0/0 les effets publics et tout aussitôt, dans les transactions boursières, comme dans les mutations d'immeubles, les échangistes déduiront du prix des titres la part du Trésor. L'impôt sur la rente aboutit à une diminution du capital..... Réduire par l'impôt le capital à sa portion congrue, après l'avoir appelé dans l'emprunt, par l'appât d'un fort bénéfice, serait une contradiction choquante qui perdrait le crédit de l'État (3) ». En théorie, par conséquent. le cours doit baisser instantanément et le titre se trouvera déprécié entre les mains du rentier, sans qu'il puisse éviter cette perte de capital. Il faut ajouter d'ailleurs qu'une fois cette perte subie, le revenu qu'on lui donne correspon-

---

(1) De Parieu. *Traité des impôts*, t. 1, l. I, p. 68.

(2) P. 248-249.

(3) Il est difficile de concilier ce passage avec la proposition de loi déposée par Proudhon en 1848, qui demandait une retenue de 30 0/0 sur les arrérages de la Dette.

dant à la nouvelle valeur de son titre, ce revenu ne sera
nullement atteint ; l'impôt sur la rente frapperait donc
seulement le capital et non le revenu. Le premier ache-
teur du titre imposé ne le payera plus que d'après le revenu net, il ne supporterait nullement l'impôt : « La taxation des fonds publics, vu la nature particulière de ce
capital, qui n'est autre chose qu'une créance sur l'État, ce
serait une mutilation du principal de la Dette, plutôt
qu'une véritable contribution (1) ». On a pu dire, dans le
même sens, que les porteurs actuels des titres de la Dette
avaient payé l'impôt au moment où ils avaient acquis
leurs rentes.

Mais si la théorie paraît très claire et définitive-
ment établie, elle est loin d'être confirmée par la pratique. Les faits ne répondent presque jamais au raisonnement. Tantôt la baisse sera moins forte que la règle ne le
voudrait, tantôt elle sera nulle, parfois même on pourra
observer une hausse.

Prenons quelques exemples :

En 1857, l'obligation du Nord baissa de 288 francs
(1ᵉʳ janvier) à 281 francs (juin), date où fut votée la taxe
de transmission.)

En 1872, l'effet est encore plus sensible. Si nous repré-
sentons par 100 le prix de la rente, et si nous prenons la
moyenne des obligations des cinq grandes Compagnies,
leur prix est, par rapport à la rente, de 103 fr. 94 en 1872,

(1) Rossi. *Cours d'économie politique*, 1851, t. IV. p. 124.

et de 98 fr. 25 seulement en 1873 (1). Dans l'intervalle était intervenue la loi du 29 juin 1872.

De même, pendant le premier semestre de 1896, les cours du 3 0/0 français sont très intéressants à observer, car ils prouvent à merveille l'influence de l'impôt. On peut en dresser le tableau suivant :

|  | Cours du 3 0/0. | Observations. |
|---|---|---|
| 1er février 1896... | 102.25 | Dépôt du projet Doumer. |
| 29 février — ... | 102.70 | |
| 1er avril — ... | 101.20 | Complications politiques. |
| 1er mai — ... | 102.95 | Ministère Méline. |
| 7 mai — ... | 103.10 | |
| 19 mai — ... | 101.92 | M. Cochery annonce le dépôt d'un projet imposant la rente. |
| Juin 1896, moyenne | 101.40 | Dépôt du projet. |
| 30 juin, 4 juil. — | 100.95 | Discussion générale. |

A partir du 9 juillet, les cours se relèvent très vite, car les projets du ministre sont renvoyés à une date indéterminée. En août, la moyenne revient à 102,25.

La dépréciation que l'on a pu observer est donc de plus de 2 points (103.10 à 100.95). Le vote de l'impôt aurait-il été suivi d'une nouvelle baisse? Il est impossible de le prévoir. Cependant, les partisans de cet impôt ont affirmé

(1) Exemple emprunté au tableau de M. Coste, annexé aux procès-verbaux de la Commission extraparlementaire de l'impôt sur le revenu.

que la bourse avait escompté complètement la retenue et
que les cours n'auraient plus fléchi.

Il est difficile de se prononcer, car les bourses sont
soumises à de multiples influences ; telle circonstance
eût pu survenir qui aurait aggravé sensiblement le
recul de nos fonds publics, telle autre leur eût fait
regagner en peu de temps le terrain perdu. Quoi qu'il en
soit, ces exemples semblent prouver que la répercussion
de l'impôt sur le marché est bien réelle.

Mais d'autres viennent à l'appui de la thèse adverse.

Si l'on examine les cours moyens des Consolidés anglais
depuis 1842, notamment pendant les années où la quotité
de l'*income-tax* était augmentée ou diminuée, on peut en
conclure que l'impôt n'a aucune conséquence sur les
cours :

|      |                    |       | Cours moyen |
|------|--------------------|-------|-------------|
| 1842 | Pas d'impôt        |       | 91 3/4      |
| 1843 | Taxe de 7 deniers  |       | 94 3/8      |
| 1844 | —                  | —     | 98 1/2      |
| 1859 | —                  | 5 deniers | 92 11/16 |
| 1860 | —                  | 9 —   | 94 1/2      |
| 1864 | —                  | 7 —   | 98 1/8      |
| 1865 | —                  | 6 —   | 89 1|2      |
| 1866 | —                  | 4 —   | 87 1/8      |
| 1893 | —                  | 6 —   | 90 3/8      |
| 1894 | —                  | 7 —   | 101 1/5     |
| 1895 | —                  | 8 —   | 105 1/11    |

Ainsi les variations des Consolidés sont les mêmes que

celles de l'income-tax. Ils augmentent et diminuent *en même temps*. « Ce dernier exemple, ajoute M. Krantz qui a inséré ce tableau dans son Rapport sur le projet de loi portant fixation du budget général de l'exercice 1895, paraît assez probant, malgré les différences essentielles qui existent entre nos rentes et les Consolidés anglais, au point de vue du classement et de la répartition des titres (1). »

Et ce n'est pas seulement en Angleterre que pareil fait s'est produit. En Italie, quand le Parlement eut créé, en 1868, une taxe de 8,80 0/0 sur le 5 0/0, la valeur de ce dernier augmenta. Au début de l'année, le cours était tombé à 47 francs. L'Italie ne pouvait emprunter, elle se trouvait donc dans la nécessité de se soustraire en partie à ses engagements ou d'établir un impôt. Cette seconde résolution ayant été adoptée, la première, que craignaient beaucoup plus les créanciers de l'Italie, se trouvait ajournée. De là, une hausse appréciable après le vote. C'est la situation prévue par M. Léon Say, « le cas de faillite imminente d'un État qui, au dernier moment, et plutôt que de succomber, a recours à l'impôt sur la rente. Le cours correspondant au fait de la faillite imminente est relevé par le cours correspondant au fait du concordat que les créanciers ont adopté. »

C'est donc une situation exceptionnelle à laquelle nous ne pouvons comparer celle de la France.

---

(1) Rapport déposé le 22 juin 1896. *J. O.* Annexes, p. 471.

Restent l'exemple de l'Angleterre et celui des valeurs françaises qui en 1890, quand la taxe fut élevée de 3 à 4 0/0, ne montrèrent aucune défaillance. Au contraire, de 1890 à 1895, les obligations de l'Est ont monté de 13,22 0/0, celles du Nord de 21,70 0/0, tandis que le 3 0/0, exempt d'impôts, ne montait que de 10,40 0/0. « L'impôt était entré dans les mœurs, dans les habitudes, et ce qui déter-minait le cours, c'était le degré de sécurité, le degré de garantie que les fortunes privées trouvaient dans ces pla-cements (1). »

Peut-être est-ce dans cette dernière considération que se trouve la vérité quant au problème de l'incidence ; on doit en conclure que, sans doute, il se produira une baisse légère à l'occasion d'un nouvel impôt, mais si la masse du public a confiance dans la solvabilité de son débiteur, le cours des rentes ne fléchira pas longtemps.

Il y aura cependant une perte, au moins momentanée subie par les rentiers. Pour remédier à cet inconvénient, on avait proposé, en 1896, d'offrir le remboursement au pair à ceux d'entre eux qui le préféreraient (2). L'impôt devenait une conversion, c'était alors une taxe facultative. La commission du budget repoussa cette modification qui dénaturait complètement la réforme projetée. Dans la même commission, M. Bozérian demanda que l'impôt ne fût établi immédiatement que sur les titres au porteur, et

(1) Discours de M. Cochery, déjà cité, p. 1184.
(2) Amendement de M. Plichon et de plusieurs de ses collègues.

que l'on attendît le premier transfert, pour y soumettre les titres nominatifs. Cela n'aurait rien changé au sort de ceux des créanciers qui auraient eu besoin de vendre leurs titres. En outre, c'était créer un privilège injuste et, d'autre part, le succès de cet amendement eut suscité une foule de demandes d'inscriptions nominatives. Dès lors, la cédule C eût été bien réduite et l'équilibre financier de la réforme détruit. On refusa donc, avec raison, d'admettre l'idée de M. Bozérian.

### 2° *Influence sur le crédit public*

L'étendue de cette influence varie d'après chaque auteur, car cette question, nous l'avons vu, est intimement liée à la précédente, puisque le crédit d'un État a pour mesure la valeur de ses fonds publics. On a discuté deux points principaux :

I. — La faculté d'emprunter ne va-t-elle pas se trouver diminuée, après l'établissement de l'impôt ?

II. — Les conversions ne seront-elles pas retardées, alors qu'un État a toujours plus d'intérêt à convertir ses rentes qu'à les imposer ?

I. — Nous avons dit que les cours allaient fléchir dans une certaine proportion après la taxation. Il en résulte évidemment que l'État qui voudra emprunter pendant cette période, devra offrir à ses prêteurs de meilleures conditions. Si la baisse a été de deux points, le ministre

des finances sera bien obligé d'offrir du 3 0/0 à 96 au lieu
de 98, par exemple. Mais il ne faut pas exagérer cette
augmentation nécessaire du taux de l'emprunt et dire avec
M. Rouvier « que le jour où l'on aurait besoin de quatre ou
cinq milliards pour faire respecter l'intégrité et l'indépendance du pays, l'impôt, ce serait un milliard de plus ! » (1)
Il y a là, croyons-nous, une grande exagération, car, même
en supposant que la baisse ait été de 5 points et qu'elle
se soit, dans notre hypothèse, maintenue jusqu'au jour de
l'ouverture des hostilités, 5 0/0 de cinq milliards font
250 millions et non un milliard. Il faudrait, pour justifier
les chiffres de M. Rouvier, admettre une dépréciation de
20 points causée par l'impôt, ce qui est impossible, si, en
l'établissant, on se maintient dans les limites raison-
nables que les taxes publiques ne doivent jamais
dépasser.

Déjà Thiers, en 1833, avait montré au Parlement, mais
avec plus de réserve, l'influence de la taxe des rentes sur
le crédit public : « Qu'est-ce qu'imposer la rente ? C'est
en retrancher une partie. Eh bien ! Imposez la rente dans
une certaine proportion, vous la verrez fléchir dans la
même proportion. Si en donnant 5 francs 0/0, vous en
reteniez un, c'est comme si vous ne donniez que quatre,
et quand vous voudrez négocier un emprunt, on vous en
donnera pour votre argent. Au lieu d'émettre à 100, vous
émettrez à 80 ; ce que vous gagnerez d'un côté, vous le
perdrez de l'autre. »

(1) Discours cité, p. 1168.

Cette perte, on a prétendu encore qu'elle serait bien plus considérable par le fait des gros capitalistes et des banquiers qui, dit-on, souscrivent en grande partie l'emprunt, le jour de l'émission, les particuliers n'ayant pas, en général, assez de disponibilités pour intervenir. Les banquiers dont l'action est ainsi nécessaire, n'oublieront pas, objecte-t-on, l'impôt créé et ils sauront en tenir compte. Le taux qu'ils proposeront au ministre sera d'autant plus élevé. Autrefois cette considération aurait eu de l'importance, quand les souscriptions publiques étaient peu en faveur. Mais aujourd'hui, sans nier le rôle encore important des banquiers, on doit reconnaître que le vrai public prend de plus en plus part aux souscriptions. En cas de danger national, il n'hésiterait pas à couvrir la somme demandée. Puis d'ailleurs ne serait-on pas en droit de répondre aux capitalistes qui exigeraient une plus forte prime en leur demandant pourquoi ils doutent d'avance de la sincérité d'un pays qui, depuis plus de cent ans a tenu tous ses engagements avec la plus grande loyauté.

Nos adversaires s'appuient enfin sur l'exemple de l'Angleterre, qui, après avoir établi l'*income-tax*, en 1798, crut pouvoir éviter de multiplier ses emprunts comme elle l'avait fait depuis 1793. Le 3 0/0 était alors à 47 francs, le 4 0/0 à 59 francs, mais la guerre continuant, Pitt dut recourir encore aux ressources extraordinaires, et il fit des émissions fort au-dessous du pair, alors que l'Angleterre s'était fait une règle absolue jusque-là de n'émettre

qu'aux environs du pair; dans cette situation, dit-on, le
pays aurait eu plus d'intérêt à n'établir aucun impôt, et à
emprunter à de meilleures conditions. De 1793 à 1816, on
calcule que la différence 'entre le produit réel et le
montant nominal des rentes souscrites s'est élevée à près de
7 milliards (Produit réel : 498 millions de livres : valeur
nominale, 773 millions. Différence : 275 millions de livres,
soit 6.875 millions de francs).

Il est difficile de juger quelle fut dans cette perte considérable la part de l'*income-tax*. Au moment de la création de cet impôt, les cours étaient tombés à leur minimum, et par suite cette réforme n'a pas eu les funestes
effets qu'on lui attribue. L'état critique de l'Angleterre à
cette époque suffit à expliquer les conditions très oné-
reuses auxquelles dut se soumettre son gouvernement.

En résumé, on ne trouve pas dans l'influence de l'impôt
sur la rente, au point de vue du crédit public, un motif
suffisant pour en repousser complètement la création. Mais
il faudra que le gouvernement se montre très prudent et
ne se laisse pas entraîner à augmenter peu à peu le montant de la taxe. (Comme l'a fait l'Italie dont le crédit, par cela même, s'est fort affaibli.) Enfin, ce ne
serait pas, au moment où l'on prévoit de graves difficultés
extérieures pouvant entraîner un appel au crédit public,
qu'il conviendrait de frapper la Dette existante. Autrement
on s'exposerait forcément à subir des conditions plus
dures. Les circonstances politiques et surtout la situation
internationale des divers États ont donc ici une grande

influence sur la solution à adopter. Il n'en résulte pas que l'on doive repousser en principe la taxation. En 1896, rien, par exemple, n'empêchait d'admettre sur ce point, le projet soumis par M. Cochery à la Chambre des députés.

II.— La conversion ne peut être opérée que si le cours de la rente est assez élevé au-dessus du pair pour que les porteurs préfèrent accepter le titre qu'on leur offre plutôt que d'être remboursés. Ce titre nouveau doit par suite se capitaliser lui-même légèrement au dessus du pair, sans quoi ceux-ci demanderaient le remboursement.

Cela étant, si l'impôt sur la rente entraîne une baisse des cours, il est clair qu'il éloigne le moment où l'on pourra convertir. Nous avons vu que cet effet se produirait sans doute en France, au moins momentanément. Mais on peut remarquer qu'en Angleterre l'*income-tax* n'a jamais empêché une conversion, car cet impôt n'a jamais eu d'influence sensible sur le cours des Consolidés.

En général, il faut donc choisir pendant quelque temps entre l'impôt et la conversion, la seconde étant rendue impossible par la baisse. Laquelle de ces deux opérations est la meilleure?

Pour le rentier, il doit préférer l'impôt, sans aucun doute, car la conversion est la plus lourde des taxes qu'on puisse lui infliger. Ainsi, depuis 1894, les porteurs du 3 1/2 0/0 actuel subissent une retenue de 22,22 0/0 de leur revenu, retenue qu'on pourra encore augmenter en 1903. Et il est assez curieux de voir les ennemis de l'impôt sur la rente, ceux qui ont invoqué contre lui les diminutions

de capital et d'arrérages édictées depuis trois cents ans,
défendre ensuite la conversion, sans relever le tort bien
plus grave qu'elle cause aux créanciers de l'État (1).

Si l'on se place au point de vue du pays et de son
budget, ce serait, au contraire, malgré ses graves inconvénients à la conversion qu'il faudrait donner la préférence.
Elle rapporte plus, nous venons de le voir (2), mais elle a
été longtemps contestée, et beaucoup de ministres des
finances, même à une date assez récente (1875-1882), se
sont refusés à l'entreprendre.

L'idéal est évidemment la situation obtenue en Angleterre,
où les rentiers sont assimilés aux autres citoyens sous le
rapport fiscal, et sans que cette mesure nuise au crédit
public, ni aux conversions qui ont amené des Consolidés à
2 3/4. (La dernière conversion est de 1889).

### 3° Influence sur le budget.

Au point de vue budgétaire, il y a peu à dire de l'impôt
sur la rente. Son assiette et son recouvrement sont des
plus simples. Aucune taxe n'est plus facile à percevoir,
et son rendement peut être calculé avec une grande certitude.

(1) « Le véritable impôt sur la rente c'est la conversion », telle est
la formule que nous retrouvons chez tous les adversaires du projet
Cochery en 1896.

(2) Le budget réalise *chaque année*, comme l'a dit très justement
M. Rouvier, une économie de 58 millions par suite de la conversion
de 1894. Le projet de 1896 ne devait donner que 25 millions.

L'État qui fait payer les arrérages, par ses propres agents, leur ordonne d'imputer sur leurs payements le montant de l'impôt. C'est la retenue directe.

Quant au produit, il était évalué, par le projet de Juin 1896, à 25 millions, en tenant compte de nombreuses exemptions, par exemple pour les rentes possédées par la Caisse des Dépôts et Consignations, les bons du Trésor, etc.

Mais il faut ajouter à ce rendement assez faible, ce que donnerait la réforme qui est connexe à l'impôt sur les rentes françaises, c'est-à-dire l'assimilation des fonds d'États étrangers aux valeurs étrangères. On pourrait trouver ainsi une somme égale au moins à celle qui proviendrait de la taxation de la Dette française. En estimant à 60 millions l'ensemble des recouvrements possibles, nous pensons rester au-dessous de la vérité. Ne serait-ce pas suffisant pour supprimer enfin cette contribution des portes et fenêtres que personne ne défend plus et qui n'est maintenue que pour les millions qu'elle donne chaque année au Trésor? (1).

L'ensemble de nos contributions directes serait ainsi beaucoup plus justement réparti.

### 4° *Influence sur la richesse du pays.*

« La rente ne doit jamais être imposée, car, disait

(1) 60 millions environ.

M. Magne, en 1872, à l'Assemblée Nationale, c'est le remorqueur du marché français ». Et il ajoutait : « A-t-on jamais eu l'idée de charger un remorqueur pour alléger les bateaux qu'il doit traîner ? Quand la rente monte, tout monte. »

Il est, en effet, certain que parmi les valeurs mobilières, les rentes tiennent une très grande place, tant par leur importance globale, que par le nombre considérable de porteurs qui représentent presque tous les capitalistes français (1), et qu'elles subissent plus particulièrement l'influence immédiate de toutes les variations qui interviennent dans la situation intérieure et extérieure du pays.

Mais on ne peut en faire le seul régulateur de notre marché. Sans doute, la rente entraîne dans ses variations les emprunts de nos colonies, en partie aussi les actions des Compagnies de chemin de fer garanties par l'État, et d'autres valeurs, mais le reste de la cote ne s'alourdira pas toujours avec elle, c'est plutôt le fait même qui motive cette baisse qui influera sur l'ensemble du marché.

On montre bien qu'en 1871 la rente était à 54 fr. 40, l'escompte à 5 ou 6 0/0, les prêts communaux à 6 0/0.

Qu'en 1875 le 3 0/0 valait 69 fr. 20, l'escompte étant à 4 0/0, les prêts à 5 fr. 81 0/0.

Qu'en 1894, le 3 0/0 valait 102 francs, l'escompte était à 2 1/2 0/0, les prêts de 3 fr. 75 à 4 fr. 10 0/0.

---

(1) On a estimé à 3 millions le nombre des rentiers. Il serait plus véridique de n'en compter que 2 millions. (Voir Leroy-Beaulieu : *Traité des finances*, t. II, p. 220-221.)

Mais, si nous prenons les mêmes éléments à la fin de 1899, nous verrons que la rente étant seulement à 99.20, l'escompte était à 4 1/2; dès lors, il n'y a plus aucune corrélation. Le resserrement monétaire avait à ce moment provoqué une crise et la rente n'avait plus la direction du marché.

Du reste, a-t-on dit, « si l'impôt sur les fonds d'Etat peut provoquer une élévation du taux de l'intérêt, cela ne pourra être que favorable à la prospérité générale du pays, car le taux élevé de l'intérêt est un indice de richesse ». Nous ne pouvons souscrire à ce raisonnement. L'élévation du taux de l'intérêt n'est un signe de prospérité que si elle provient des transactions et des demandes d'argent, mais si elle a pour origine une mesure légale, elle ne peut qu'aggraver dangereusement le sort des débiteurs. Cette élévation du loyer se produira-t-elle ?

On peut en douter avec M. de Parieu « car, pour diminuer l'offre des capitaux de manière à élever le taux de loyer, il faudrait admettre que l'impôt soit suffisant pour porter un grand nombre de capitalistes, soit à dénaturer leur fortune par des achats d'immeubles, soit à la transporter en dehors du pays, par des placements faits à l'étranger. L'expérience montre qu'un abaissement de 6 0/0 ou moins n'a pas ordinairement de pareils résultats (1). »

(1) M. de Parieu défendait là l'impôt sur les valeurs mobilières en général. Les arguments n'en sont que plus forts, s'appliquant aux fonds publics seuls. (*Traité des impôts*, t. I, l. III, p. 407.)

Il n'est donc pas à craindre, croyons-nous, que l'impôt sur la rente entraîne une dépréciation générale des valeurs françaises ou qu'il amène une augmentation du loyer de l'argent.

Cependant si quelques capitalistes se refusaient, par suite de cette mesure, à conserver en portefeuille leur 3 0/0 et préféraient l'employer en immeubles, on ne saurait y voir d'inconvénients. Cette conséquence de l'impôt ne pourrait que contribuer à relever le prix de la terre, soit par des demandes plus nombreuses, soit par l'application de meilleurs procédés de culture aux parties peu fertiles de notre sol. Les placements immobiliers ont été de plus en plus délaissés en France à mesure que se répandait, chez tous les petits rentiers, même chez les paysans, l'engouement'pour les titres, qui présentent, il est vrai tant d'avantages par rapport à la terre, ne serait-ce que celui d'une facile réalisation.

On a opposé à cette constatation un raisonnement assez curieux : « On prétend, disait M. Rouvier, le 2 juillet 1896, que l'impôt sur la rente aura pour résultat de relever la valeur de la terre et d'amener les capitaux à l'agriculture... Supposez qu'aujourd'hui l'ensemble des porteurs de rente française la vendent pour transformer leurs capitaux en terres. Est-ce qu'il ne saute pas aux yeux de tous qu'ils ne pourraient les payer que 640 millions de moins que ce qu'ils les auraient payée hier? (1). » Mais en quoi

(1) Discours cité, p. 1167.

ce fait, s'il se produisait, contredirait-il ce que nous avons dit plus haut, à savoir que la terre augmenterait de valeur ? Si l'ensemble des rentiers portait ses capitaux sur le sol, ces milliards entrant en lutte pour l'achat des propriétés rurales ne feraient-ils pas monter très haut les prix antérieurs ? Qu'importe la diminution de 640 millions, si l'afflux des capitaux suffit à déterminer une majoration notable ?

Et c'est d'ailleurs raisonner sur une pure hypothèse ; comme M. de Parieu l'a montré, peu de rentiers abandonneraient leurs titres, et toutes les conséquences, bonnes ou mauvaises, que l'on a prévues et longuement débattues pendant la discussion de 1896, ne sauraient se produire après l'établissement d'un impôt modéré, comme serait l'extension de la taxe de 4 0/0 aux fonds publics. Il en serait de même, croyons-nous, des prédictions concernant l'émigration des capitaux. Plusieurs orateurs ont répété que les capitalistes allaient vendre leurs fonds et en acheter d'autres à l'étranger où ils iraient toucher leurs coupons, exempts d'impôts. On a répondu avec raison que peut-être un certain nombre de rentiers très avisés, ayant des connaissances très étendues, connaissant les affaires générales, « pourraient aller se réfugier ici ou là ; mais quant à la masse, soyez bien certains, disait M. Aynard, qu'il n'y a rien de plus difficile que de déterminer un exode de valeurs » (1).

(1) Discours de M. Aynard. *J. O., loc. cit.*, p. 1177. Voir aussi *infra*, p.

Au point de vue économique, nous concluons donc à l'entière opportunité de l'impôt sur la rente, établi dans la mesure où les revenus de même nature sont aujourd'hui atteints. On s'est plu à en exagérer les conséquences. A entendre nos adversaires, elles devraient être funestes pour le crédit du pays ou pour la fortune des capitalistes. Il n'en est rien ; sans doute une légère dépréciation se produirait, mais elle serait vite compensée, à moins de circonstances néfastes, par l'abaissement naturel du taux de l'intérêt. Rien ne s'oppose donc à l'assimilation des rentiers aux porteurs d'autres valeurs mobilières, et cette mesure, il faut y insister, ne serait que l'application de la plus stricte justice.

# CHAPITRE IV

## L'IMPOT DEVRAIT-IL FRAPPER TOUS LES TITRES DE RENTES ?

Les diverses propositions que nous avons examinées ont rarement étendu la taxe qu'elles voulaient créer à tous les titres de rentes : les unes en affranchissent les rentes possédées par l'État ou par des établissements financiers placés sous son contrôle direct, d'autres créent une exemption spéciale pour les titres des établissements de bienfaisance, quelques-unes, à l'exemple de la législation anglaise, ne frappent pas les titres minimes, la plupart enfin instituent une immunité absolue pour les créanciers de l'État qui sont de nationalité étrangère.

### § 1. — Rentes possédées par l'Etat.

L'État peut posséder des titres de rentes, particulièrement quand pour amortir, il en achète sur le marché afin soit de les annuler, soit d'en affecter les arrérages à de nouveaux achats.

Il est clair que l'impôt ne doit pas être perçu sur ces titres qui sont entrés dans les mains du Trésor, car la retenue viendrait diminuer l'amortissement et, du reste, il est de règle que l'État ne se paye pas d'impôts à lui-même.

Mais ce cas ne se présente plus aujourd'hui en France, où l'on a renoncé à pratiquer l'amortissement sous cette forme (1).

L'État peut encore posséder des rentes perpétuelles ou amortissables quand il en offre l'échange contre des rentes viagères ou des annuités terminables. Mais, dans ce cas, les rentes perpétuelles et amortissables seront détruites le plus souvent.

Quelques projets de loi ont voulu assimiler aux titres possédés par le Trésor ceux qui figurent à l'actif de la Caisse des Dépôts et Consignations.

Cet établissement dont le Directeur général est nommé par décret, et qui, par sa constitution, échappe aux atteintes du pouvoir exécutif, a pour mission « de recevoir, conserver, et restituer les fonds, titres et valeurs qui lui sont confiés soit en exécution de lois et décrets, soit en raison de contestations judiciaires ou de décisions administratives, soit volontairement » (2). La loi du 28 avril 1816 et d'autres lois postérieures lui ont confié la garde de divers dépôts d'établissements publics qu'on ne voulait

---

(1) Actuellement, en effet, les titres étant au dessus du pair, l'État perdrait en les achetant sur le marché, puisqu'il peut les rembourser au pair.

(2) *Dictionnaire des finances*, de M. Léon Say.

pas rattacher complètement à la gestion des deniers de l'État tels que les « Caisses d'épargne », « la Caisse nationale de retraite pour la vieillesse », « la Caisse d'assurances en cas de décès et en cas d'accidents », etc.

Ces diverses « Caisses » remettent à la Caisse des Dépôts leurs fonds disponibles ; elle est chargée de les placer et elle en sert un intérêt stipulé d'avance. Les achats de valeurs qu'elle fait dans ce but portent presque uniquement sur les rentes de l'État français ; elle se trouve par suite en posséder pour une somme considérable. En voici le montant, en capital, au 30 septembre 1899 :

| | |
|---|---:|
| Dépôts et Consignations........... | 234.983.000 f. |
| Exposition universelle de 1900.... | 6.422.000 |
| Fonds de retraites des sociétés de secours mutuels.................. | 50.619.000 |
| Fonds de réserve et de garantie des Caisses d'épargne.................. | 85.798.000 |
| Caisses d'épargne ordinaires....... | 2.734.100.000 |
| Caisse nationale des retraites pour la vieillesse...................... | 711.904.000 |
| Caisse nationale d'épargne........ | 897.616.000 |
| TOTAL............ | 4.721.442.000 f. |

Conviendrait-il, en établissant un impôt, d'assurer l'immunité fiscale de ces rentes ou de les assujettir à la règle commune ?

(1) Bilan publié dans le *J. O.* du 8 décembre 1899.

c. — 10

Le projet du gouvernement, en 1896, admettait la première solution et le rapporteur général la défendait ainsi : « L'exemption ici se justifie par cette considération que l'État ne peut pas se payer d'impôt à lui-même. Il est évident, en effet, que la Caisse nationale d'épargne et la Caisse des Dépôts n'ont pas, en fait, au point de vue spécial de la propriété des rentes immatriculées en leur nom, une personnalité distincte de celle de l'État. Tout impôt qui serait mis à leur charge viendrait en déduction de leurs bénéfices et serait en définitive directement prélevé sur les recettes du Trésor (1) ».

On peut opposer plus d'une critique à ce raisonnement. Sans doute l'État fait recette, parmi les « produits divers » de son budget, des bénéfices de la Caisse des Dépôts, mais un dizième de ses bénéfices, qui proviennent de la différence entre l'intérêt produit par les fonds en dépôt et celui qui est alloué au déposant, est destiné, depuis 1861, à constituer un fond de réserve et de garantie pour les Caisses d'épargne. L'État n'aurait donc pas à supporter tout l'impôt,

De plus, pourquoi la Caisse ne payerait-elle pas les intérêts des fonds qui lui sont déposés en tenant compte de la retenue imposée à ses propres revenus ? Si l'on veut au contraire l'identifier complètement à l'État, on doit conclure de l'exemption proposée à un grave privilège établi

(1) Rapport de M. Krantz, 22 juin 1896. *J. O.* Annexes, Chambre des députés, 1, p. 471.

en faveur des déposants de caisses d'épargne, des clients de la caisse des retraites, etc...

Bien qu'il gère leurs fonds, l'État doit les soumettre à l'impôt désormais général. Autrement on arrive aux anomalies suivantes : tandis que celui qui a acheté directement du 3 0/0 sera taxé, celui qui a confié ses économies à la Caisse d'épargne ne payera aucun impôt sur les intérêts qu'il en reçoit, intérêts qui sont produits également par des rentes. Les deux opérations sont en fait semblables et elles aboutiraient sans raison à des effets très différents. C'est là une contradiction injustifiable qui suffit à faire repousser cette exemption. La Caisse des Dépôts devrait donc, suivant nous, prélever la retenue sur les intérêts qu'elle alloue ; ainsi les bénéfices qu'elle réalise ne seraient pas diminués et on n'aurait aucune raison d'exempter les titres de rente qu'elle possède.

### § 2. — Rentes possédées par les établissements de bienfaisance

On a demandé aussi, en étendant l'exception que nous venons de contester, d'accorder l'immunité aux valeurs appartenant aux établissements de prévoyance ou d'assistance. Mais, pourquoi l'État serait-il tenu de favoriser ces œuvres par des exemptions d'impôt? Rien ne serait plus contraire aux principes de notre Droit public, et, une fois entré dans cette voie, on serait amené successi ment à les dégréver de tous les impôts. D'ailleurs, la Commission du budget écarta, en 1896, les amendements déposés dans ce sens. « Car, dit le rapporteur général, ce n'est pas par des exemptions d'impôt qu'il convient d'encourager ces œuvres, même les plus utiles. »

La plupart des propositions dont nous avons fait l'étude, consacrent le principe de l'exonération d'un minimum nécessaire pour vivre. Ce minimum est généralement estimé à deux mille francs de revenus (1) et, dans cette mesure, l'exonération est étendue, en principe, aux revenus des capitaux. Cependant quelques députés, déclarant que la loi n'entend pas exempter le contribuable qui se complaît dans l'oisiveté et préfère vivre misérablement d'un petit capital, ont repoussé l'exemption des titres peu élevés, n'admettant l'exonération que pour les revenus du travail. C'est là une distinction condamnable. Tel individu, après avoir travaillé de longues années, a placé ses petites économies et veut en vivre désormais, tel autre est devenu infirme, incapable de travailler, et ceux-là ne participeraient pas aux faveurs accordées aux travailleurs ! On ne voit aucun motif d'accueillir pareille distinction entre les revenus du travail et ceux du capital. Il faut exonérer toutes les ressources, d'origine quelconque, jusqu'à concurrence d'un certain chiffre, ou n'admettre aucune exemption.

(1) Propositions Goblet, Doumer, etc.

En Angleterre, la part de revenus exemptée est largement calculée. Elle s'est élevée longtemps à 150 livres, aujourd'hui elle est de 160 livres (4,000 francs).

En Allemagne, elle n'est seulement que de 900 marks. (1,125 francs).

### § 3. — Rentes possédées par des étrangers. — Légalité de leur taxation. — Conséquences fâcheuses de leur exemption.

*Exemption des porteurs étrangers.*

Les rentes d'un État ne sont pas toutes entre les mains des sujets de cet État. Les étrangers en détiennent, le plus souvent, une partie relativement faible, quelquefois seulement une très forte proportion. On a estimé à un milliard et demi la valeur des titres de rentes françaises qui se trouvent dans les portefeuilles étrangers. Pour la Russie, ce chiffre monte à quatre ou cinq milliards sur le seul marché de Paris; de même pour l'Italie qui a longtemps payé 25 0/0 de ses arrérages sur les places du dehors. Nous n'avons pas à discuter les avantages et les inconvénients de cet état de choses, mais il rentre dans notre sujet d'examiner si ces titres exterritorialisés peuvent être, comme les autres, frappés par les impôts sur les revenus ou sur une partie des revenus particuliers (par un impôt sur les valeurs mobilières, par exemple). La question ne se pose pas pour les autres taxes globales, car tous les habitants du pays (depuis un certain temps) sont astreints, dans ce cas, à une déclaration et les étrangers sont frappés comme les nationaux.

Puis nous étudierons comment, en cas d'exemption, on pourra en limiter le bénéfice à ceux-là seuls qui y ont droit, enfin quelles conséquences cette mesure peut entraîner.

I. — Une nation a-t-elle le droit de taxer les étrangers qui sont ses créanciers, en retenant une partie de ce qu'elle leur doit ?

On a vivement soutenu la négative en se fondant sur la nature du contrat qui lie un pays et ses créanciers. Le bénéfice du prêt consenti à l'État peut se trouver quelque peu réduit, on l'admet, par les devoirs qui incombent aux citoyens vis-à-vis de leur patrie, particulièrement par celui qui les oblige à subvenir aux dépenses publiques. Mais, ajoute-t-on, quand l'État se trouve en face d'étrangers, il ne peut les forcer au même sacrifice ; il n'y a plus en présence qu'un débiteur et un créancier. Si l'on astreint ce dernier à laisser entre les mains de son débiteur une partie de ce qui lui est dû, il objectera avec raison qu'il ne doit payer de taxes que dans sa patrie, que sa qualité de prêteur n'entraîne nullement celle d'habitant imposable, « et qu'il n'y a pas moyen d'atteindre des gens qui ne sont pas contribuables par une mesure qui ne frappe que les contribuables » (1).

___

(1) Discours de M. Krantz. *J. O.*, séance du 27 juillet 1896, p. 1151.

On répond facilement à ce raisonnement que la rente, faisant partie comme tout bien situé en France, du domaine national, est dans la même situation qu'un immeuble quelconque (1); quel que soit le propriétaire de ce dernier, ne payera-t-il pas l'impôt foncier? De même pour les obligations de la Ville de Paris, par exemple, a-t-on jamais songé à permettre aux étrangers d'invoquer une exemption spéciale?

Du reste, comme nous l'avons montré à propos de la légalité de l'impôt envers les citoyens, l'Etat est ici dans l'exercice d'un droit souverain; aucune stipulation n'a pu lui faire perdre le pouvoir d'imposer sa rente. Il faut aussi remarquer les conséquences injustes de l'exemption : si l'on établit un impôt global, les étrangers le supporteront; si l'on choisit une taxe sur les revenus, ils y échapperont en partie. Cela ne se conçoit pas facilement au point de vue de l'équité.

Enfin les conséquences de la distinction indispensable entre les deux séries de titres, conséquences que nous examinerons plus loin, sont de nature à faire repousser toute proposition de ce genre.

Cependant, si l'Italie et l'Autriche ont toutes deux suivi, en 1868, les principes que nous défendons, les autres Etats comprenant autrement les effets du contrat de rente et de leurs engagements, ont pris des mesures qui permettent aux étrangers de s'affranchir des taxes établies.

II.— En pratique, deux procédés sont surtout employés pour assurer ce résultat.

(1) M. Alglave, à son cours.

L'un consiste à diviser la Dette en deux parts ; la première sera dite « *Intérieure* », l'autre « *Extérieure* ». On détermine, au moment de la séparation, la quantité de titres qui appartiennent aux étrangers (1), on différencie ces titres qui deviennent « la Dette extérieure ». La composition de cette Dette reste immuable, de sorte que l'étranger qui achèterait de la rente intérieure payerait l'impôt, et réciproquement. Le classement une fois opéré est définitif.

L'Espagne a employé ce procédé en 1883, quand elle a dû convertir et réduire sa dette. Les titres appartenant aux étrangers furent estampillés et déclarés exempts d'impôts. Les Espagnols peuvent d'ailleurs maintenant en devenir propriétaires.

L'autre procédé est de payer, sans retenue, à chaque échéance, les coupons qui sont mis en recouvrement hors du pays. Mais comme les régnicoles pourraient trouver là un moyen de fraude très facile, l'État exige le plus souvent de ceux qui demandent à bénéficier de l'immunité, soit la présentation de leurs titres, s'ils sont nominatifs, soit l'assurance formelle que ces titres sont la propriété d'étrangers. Ce serment est appelé « *affidavit* ».

En Angleterre, les rentiers peuvent s'affranchir de la retenue, suivant cette procédure, en faisant la déclaration sous serment que les valeurs dont les coupons sont détachés, constituent leur propriété et n'appartiennent pas

(1) On se servira de déclarations contrôlées pour les titres au porteur.

à un sujet anglais ou à un étranger résidant dans le Royaume-Uni. Le Trésor anglais est, du reste, exposé à peu de fraudes, car presque toutes les inscriptions sont nominatives et l'on n'estime pas à plus de 160.000 le nombre total des rentiers anglais (1).

Il en est de même en Hollande. On sait que le Grand-Livre de la Dette est atteint par l'impôt sur la fortune. Mais les rentiers étrangers peuvent réclamer l'exemption de l'impôt par l'*affidavit*.

Bien que l'Italie n'ait, à ce sujet, fait aucune réserve au moment de l'établissement de l'impôt sur la richesse mobilière, en 1868, elle a dû cependant organiser récemment l'*affidavit*. En effet, les arrérages sont payés à l'intérieur en papier-monnaie qui perd actuellement de 7 à 10 0/0, sur l'or. Sur les places étrangères, ils sont acquittés en numéraire. Dès lors, les Italiens possédant de grosses inscriptions avaient intérêt à aller se faire payer hors du royaume : ils y gagnaient la prime de l'or. Pour faire cesser cet abus, une loi de 1894 soumit à l'*affidavit* tous ceux qui demanderaient à être payés en numéraire. L'effet fut immédiat. En 1893, 234.208.497 francs avaient été exportés pour le service de la Dette. En 1894, la somme correspondante s'abaisse à 110.941.719 francs. Ces chiffres montrent dans quelles proportions le Trésor italien était fraudé.

(1) Leroy-Beaulieu. *Traité des finances,* t. II, p. 588-590.

III. — L'*affidavit* ne permet pas, du reste, d'éviter complètement ce grave inconvénient. Il est à craindre que, pour une prime élevée, beaucoup de nationaux n'hésitent pas à faire une fausse déclaration. Comme on l'a dit en 1896 : « Il y a peu de Français qui hésiteraient dans ce cas à se faire étrangers. »

Bien d'autres conséquences encore militent contre cette dualité de rentes. Une des plus dangereuses est la suivante : Il va se créer une différence de valeur entre la rente frappée par l'impôt et celle qui en est exempte. Ainsi, les Consolidés anglais sont cotés, le même jour 101 1/8 à Londres et 103.75 à Paris (1). Cet écart doit entraîner l'expatriation des rentes, car elles peuvent être vendues plus cher aux étrangers. « Le même titre de rente qui vaudra 94 ou 96 à Paris, disait M. Rouvier en 1896, vaudra 100 ou 102 à Genève, à Bruxelles... Dès lors, des gens avisés achèteront les titres à Paris pour aller les porter sur les marchés étrangers... (2) ». Il suffira d'effrayer les petits porteurs en leur faisant prévoir des augmentations de retenue, pour provoquer des réalisations, augmenter la différence des cours et le bénéfice des arbitrages.

Il existe heureusement une loi économique qui vient atténuer les mauvais effets de ces opérations : c'est qu'un pays prospère tend toujours à racheter ceux de ses fonds

(1) Bourses du 23 janvier 1900.
(2) *J. O.* Discours cité, p. 1166

publics qui sont entre les mains des étrangers. Mais cette
loi ne suffirait pas à empêcher quelques titres de sortir de
France, et si la petite épargne, très attachée au place-
ment en rentes, ne se décidait pas facilement à vendre, il
n'en serait pas de même des gros capitalistes.

Le marché extérieur du 3 0/0 et du 3 1/2 0/0 prendrait
donc une certaine importance. « Deux à trois milliards
détenus par les Belges, les Suisses ou les Anglais, obli-
geraient, a-t-on dit, le Trésor à exporter 60 ou 90
millions d'or par an. » C'est en partie exact; mais il faut
tenir compte aussi des effets du change qui permettra de
faire très facilement cette remise en marchandises, sans
exportation de numéraire.

Pour les nations dont les finances sont mal gérées, et qui
ont introduit chez elles le régime du papier, il y a aussi obligation de payer les porteurs étrangers en or, car l'or est
aujourd'hui la seule monnaie internationale. Et quand le
commerce international ne leur permet pas l'exportation
de marchandises nombreuses, il leur faut verser un véritable tribut à leurs créanciers,

Enfin, et c'est un dernier résultat fâcheux de l'exemption,
la rente qui se trouve hors du pays qui l'a émise devient
entre les mains des étrangers un moyen puissant d'intervenir dans les affaires intérieures de la nation débitrice.
Si cette dernière en arrive à des expédients financiers
répréhensibles, on lui imposera soit un concordat toujours onéreux, soit un contrôle international supprimant
en partie sa souveraineté. Et même, sans supposer une

situation aussi anormale, le seul fait que le crédit d'un État peut se trouver gravement déprécié sur les places étrangères, sans que cet État ait le moyen d'intervenir utilement, ne laisse pas que d'être inquiétant pour lui. Toutes ces conséquences viennent à l'appui de la solution juridique que nous avons donnée.

On invoque cependant contre cette mesure la possibilité de représailles internationales en faisant valoir que les portefeuilles français renferment environ 15 milliards de fonds d'État et que la Russie et l'Espagne, par exemple, pourraient frapper à leur tour ceux de leurs titres qui sont entre les mains des Français. Cela n'est pas à craindre car les titres de notre Dette sont peu répandus à l'étranger.

On ne saurait, par suite, éviter en cette matière l'application des principes qui conduisent à la taxation des titres exterritorialisés. Et nous concluons que, la partie des rentes possédées par les nationaux d'un pays devant être assujettie aux impôts qui grèvent les autres revenus, celle qui est dans les portefeuilles étrangers doit être également atteinte, car son exemption pourrait entraîner de très funestes effets économiques.

Vu : le Doyen,                    Vu : le Président,
   GLASSON.                          BERTHÉLEMY.

Vu et permis d'imprimer :
Le Vice-Recteur de l'Académie de Paris :
GRÉARD.

# TABLE DES MATIÈRES

Ar. ROUSSEAU, Imprimeur-Éditeur, PARIS.